王晓菲◎著

你比别人差的不是时间，而是

自我管理

广东旅游出版社
GUANGDONG TRAVEL & TOURISM PRESS
悦读书·悦旅行·悦享人生
中国·广州

图书在版编目（CIP）数据

你比别人差的不是时间，而是自我管理 / 王晓菲著. — 广州：
广东旅游出版社，2019.7（2025.1重印）

ISBN 978-7-5570-1811-5

Ⅰ.①你… Ⅱ.①王… Ⅲ.①自我管理 Ⅳ.①C912.1

中国版本图书馆CIP数据核字（2019）第074473号

你比别人差的不是时间，而是自我管理

NI BI BIE REN CHA DE BU SHI SHI JIAN，ER SHI ZI WO GUAN LI

出 版 人	刘志松
责任编辑	官 顺 何 方
责任技编	冼志良
责任校对	李瑞苑

广东旅游出版社出版发行

地 址	广东省广州市荔湾区沙面北街71号首、二层
邮 编	510130
电 话	020-87347732（总编室） 020-87348887（销售热线）
投稿邮箱	2026542779@qq.com
印 刷	三河市腾飞印务有限公司
	（地址：三河市黄土庄镇小石庄村）
开 本	710毫米×1000毫米 1/16
印 张	14
字 数	168千
版 次	2019年7月第1版
印 次	2025年1月第2次印刷
定 价	58.00元

序 言

法国文豪巴尔扎克说过："任何财富都是时间与行动结合后的成果……"成功是在时间中进行的。时间与成功，有着密切的联系。人的才能要想得到充分的发挥，并尽快踏上成功之路，若没有充分利用时间，也没有提高工作效率的能力，那只是美好的愿望而已。

可是，你曾想过没有，时间的概念究竟是什么？时间与成功的关系怎样？我们要怎样运筹时间，提高自我管理？

时间，是衡量成功者成就大小的标准。英国哲学家培根说过："时间是衡量事业的标准。"我们在赞叹成功者成就大小时，实际上是使用了时间这个尺度的。伟人们在有限的一生中，作出了超越常人的贡献，这就是他们伟大之所在。我们赞叹鲁迅伟大，常常想到他一生写了和翻译了六百多万字著作。我们赞叹爱迪生伟大，也常常离不开他一生有数千多项科学发明。

当代，随着现代科学技术所引起的资讯革命，使时间产生了增值效应。能否有效地利用时间并提高时间效率，已成为决定成就大小的关键因素。因为，由于现代资讯增加，各种事物的更迭周期越来越短，使人才也越来越带有不固定性。在这种情况下，如果满足自己已有的成就，不抓紧时间学习，就可能从昨天的英才变成今天的庸才。

因此，成功的人总是从认识自己的时间开始，从计划自己的时间起步。

现实中有不少人共同的哀叹是有志气，没时间，没有效率。看着迅速发展的形势，激动得不得了；看着他人的进步，羡慕得不得了；看着自己的差距，着急得不得了。他们常常想干一番事业，又感到没有时间。为了对读者有所启迪，我们把一些有关中外名人在成长过程中如何提高办事效率的经验归纳整理出来，在自我管理这个有重大意义的问题上作一点探索，与你共勉。

《你比别人差的不是时间，而是自我管理》，带给你最实用的自我管理技巧，帮助你开启美好生活，教会你与时间和平共处。想过怎样的生活、怎样的人生，你，想好了吗？

目 录

[第1章] 时不我待　自我管理让你乘风破浪

在这个讲究效益和效率的社会，要求我们对自己的时间、生活掌控有更高的水平和能力；你要懂得如何成功进行自己的时间运筹，让效率最大化；为美好的将来和成功，打下一个坚实的基础。

[第2章] 确定目标 动力是提高效率的基础

　　一个人只有树立明确的目标，才有成功的可能。没有目标的航船，任何方向的风对它来说都是逆风。现实生活中，做对的事情比把事情做对更重要。另外，正如有句古话所说："凡事预则立"，只有事先规划才能确保顺利。

[第3章] 勤于动脑 埋头苦干前的头脑风暴

　　清楚地洞察一件事情的要点在哪里，哪些是不必要的多余工作，然后用合理的方式把它们简单化。这样不知要节省多少时间和精力，从而还能大大提高我们的效率。

[第4章] 合理分配　条理清晰，办事才快

　　现代人时常会在这样的事情上面临抉择：当一件重要的事情等待着你去做的时候，突然出现了另一件紧急的事情需要你去处理，这时你应该怎么办？你会因为事情的紧急而暂且放下重要的事情，还是因为重要的事情关乎着什么而暂时不管紧急的事情？别忙着做决定，先来看看下面的方法吧。

[第5章] 专心致志　集中精力帮你提高效率

　　许多人工作不可谓不努力，工作时间不可谓不长，但就是成效不大。而他们自己也清楚，效率不高的原因是他们的精力没有得到有效的集中，这常常是他们自责的原因。他们一直在忙活着，而实际上，工作、学习的内容没有多少进到他们的脑子里。这实际上是工作方法的问题。

[第6章] 积累点滴　在零碎的时间里提高效率

"大豆不挤不出油，时间不挤会白溜"，俗语中的道理总是诙谐又让人难忘。"时间就像海绵里的水，只要肯挤，总是有的。"鲁迅先生把人类应该对待时间的态度描述了出来。你是一个对时间心慈手软的人吗？你总是觉得娱乐时，时间也会欣然愉悦吗？如果你这样想，时间是不会领情的，它会愤怒地朝你屁股踢去。

[第7章] 速战速决　拖延最终会压垮你

人的一生就是和时间竞赛，时间是直线向前的，是稍纵即逝的；如果你做不了它的主人，那么它就会做你的主人。在竞争日益激烈的今天，谁能做时间的主人，谁就能在最短的时间内，做出最大的效益，真正优秀的人也是一个善于把时间运用到极致的人。

你比别人差的不是时间，而是自我管理

[第8章] 张弛有度　劳逸结合才能事半功倍

　　并不是工作时间越多，工作效率就越高，获得的利益就越大。在工作和忙碌的同时，我们更需要休息。在忙碌中，安排思考的时间。记住：别忙得连思考的时间都没有。

[第 1 章]

时不我待　自我管理让你乘风破浪

在这个讲究效益和效率的社会，要求我们对自己的时间、生活掌控有更高的水平和能力；你要懂得如何成功进行自己的时间运筹，让效率最大化；为美好的将来和成功，打下一个坚实的基础。

自我管理，把生活谱成乐章

生活好比一部交响乐曲，有快慢、强弱、张弛等交替出现的旋律。它在一定程度上反映了人们的生活方式和精神面貌。有的人无论干什么，都是手脚利索，效率极高；有的人则慢慢腾腾、磨磨蹭蹭，效率很差。犹如音乐中的节拍，前者一个八分音符唱半拍，后者一个四分音符唱一拍；前者比后者快一倍。由此推而广之，人们如果能把起床穿衣、洗脸漱口、吃饭走路等全部生活节奏都由原来的"四分音符"变为"八分音符"，那么，人们能多做多少工作呢！

现在的世界已经进入信息化时代。信息，离开了"快"，其价值就不免大打折扣，甚至等于零。市场上，一个信息获得的早晚，可能使一些企业财运亨通或倒闭破产；科学技术上一个新发现或发明公布的先后，可能影响到专利的归属。

快节奏工作的重中之重，就是具备工作的热情；懂得如何去激发它，如何去集中地使用它固然重要，但首先必须具备它。

另外，还要学会控制时间过剩。英国历史学家帕金森在《帕金森定律》一书中指出，如果高级科技人员时间过剩，就会使他们产生不信任感，以致去开拓那些有害的产品消耗时间来愚弄自己，或者成为一个干什么都慢慢腾腾的慢性子人。但时间过剩并不可怕，它的产生是正常的，因为任何人对于时间的需求绝不可能是始终如一的。关键在于控制时间过剩并及时地使它向有利的方面转化。

培养好习惯，始终不要懈怠。一个伟大的哲学家说过："习惯真是一种顽强而巨大的力量，它能主宰人生。"人的心理规律在新条件反射形成的神经联系"定型"之前，总是不稳定的；而旧的条件反射形成的神经联系"定型"在彻底瓦解之前，又总具有某种回归的本能。正如詹姆斯所说："每一回破例，就像你辛辛苦苦绕起来的一团线掉下地一样，一回手滑所放松的线，比你许多回才能绕上去的还要多。"所以快节奏习惯在形成之前，不能有丝毫懈怠。

一些时间研究专家，指导人们常做这样的假设：如果我现在知道六个月后我会突然失去学习和工作的能力，在这之前我该以怎样的速度工作。著名女作家、教育家海伦·凯勒，因幼年的不幸遭遇导致她失去了视力和听力，她在著作《假如给我三天光明》中，给认为来日方长、不珍惜今天的光阴而饱食终日、无所事事的庸碌之辈敲响警钟，并机智地设问："假如你只有三天的光明，你将如何使用你的眼睛？"用这样的问题启发人们去思考，呼唤人们珍惜当下，把活着的每天都看作是生命的最后一天。

你比别人差的不是时间，而是自我管理

只减不增，认识时间的价值

有一则寓言，说有个人天天放声大哭，另一个人感到很诧异，问哭者："你究竟有什么伤心事？"哭者说："我在哭我逝去的时间。"时间匆匆逝去固然可惜，可是就在你哭泣的时候，时间又从你身边溜走了。

看来，这个哭者虽然认识到了时间的价值，而且非常后悔，但他却不懂时间是怎样实现它的价值的。所以，热爱时间、珍惜时间，讲时间的价值，就不能像寓言中的哭者一样，只停留在悔恨过去上，而是要用积极的办法，来充实自己的时间。

驰名中外的中国画泰斗齐白石老先生，以画花草虫鱼见长。他的画气韵生动，神形兼备，笔墨造诣十分精深。他的秘诀是"苦把流光换画禅，工夫深处渐天然"。

有一首关于时间的诗中写道："我们知道，时间有虚实短长，全看人们赋予它的内容怎样。"时间向人们提供了发展条件，有的人生虽短，却如日月光辉；有的人寿命虽长，反而默默无闻。关键看一个人是否进行了"充实的劳动"。

《李宗仁归来》的作者在回顾李宗仁先生的一生时，写道："假如我们每个人，不是从一岁向八十岁去生活，假如时间的顺序可以颠倒，每个人都从八十岁向一岁来生活，那么，我们这个世界上可能有二分之一的人类能成为伟人。"

这里讲的是生活道路的选择，如果我们借用来说明时间的价值，也会颇受启发。时间给每个人相同的机会，但最终留给人们的是两种结果。对于勤奋者，它是财富；对于创造者，它是宝库；对于懒惰者，它是包袱；对于浪费者，它是坟墓。难怪一位哲人说："时间是生命之舵。只有勤勉有为的舵手，才能驾驭生命之舟，抵达目的地。"

人生如行舟，在人生的旅途上，既有惊涛骇浪，也有激流险滩，更有那花前月下的男女柔情蜜意使你陶醉，吃喝玩乐使人迷恋。在同一时代的江流河浪中生活的千千万万素不相识的人们，有的超群出众，贡献卓著；有的半途而废，功亏一篑；有的白发暮年，徒自伤悲。造成这种差异的原因固然很多，但能否紧紧把握住时间，却不能不是一个最重要的原因。

如果你把时间交给了吃喝玩乐，一旦让它们变成人生的主宰，那将是最大的不幸。正如德谟克里特说的那样："对一切沉溺于口腹之乐，并在吃、喝、情爱方面过度的人，快乐的时间是很短的，就只是当他们吃着、喝着的时候是快乐的，而随之而来的坏处却很大。对同一些东西的欲望继续不断地向他们袭来，而当他们得到他们所需要的东西时，他们所尝到的快乐很快就过去了。除了瞬息即逝的快乐之外，这一切之中丝毫没有什么好东西，因为总是重新又感觉有需要来满足。"那些把幸福和快乐融进自己事业的人，就犹如一滴水溶进大海，永远不会消失。画家毕加索作画时，经常闭户不出，甚至几天几夜不吃不睡，有人为他感到痛苦，他却回答说："疲劳是人体的感觉，而当我作画的时候，只有一心一意，形骸则寄存于画室之外。"在毕加索看来，离开了创作，即使最豪华的物质生活都是暗淡无光的，他的快乐和幸福只存在于作画之中。

时间给空想者痛苦，给创造者幸福。"当你占有了一件东西，它同时也就占有了你。"确实，在我们有限的时间和精力中，如果过多地占有物质，同时也会被物质所占有。所以，有作为的人，都是那种精心选择占有的人，因为他们知道人生短暂，时间无限珍贵。

《庄子·逍遥游》说："朝菌不知晦朔，蟪蛄不知春秋"；"楚之南有冥灵者，以五百岁为春，五百岁为秋。"对于朝菌、蟪蛄、楚之南的冥灵三者来说，由于生命的长短不同，它们的时间观念是不一样的：朝菌，这种朝生暮死，生命极其短促的菌类植物，不知月末月初；蟪蛄，也是一种生命不长的小昆虫，不知有春秋；冥灵这种神话传说中的树木就不一样了，由于它寿命长，所以以五百年为春，五百年为秋。朝菌、蟪蛄、冥灵，由于生命的长短不同，时间观念也不同。它们给我们在时间运用方面有什么启迪呢？那就是要把一生的时间作为一个整体运用，在人生的旅途安排上，宁长毋短，不要过一天算一天。

人的一生，多则百年，少则几十年。如果一个人一生能活到七十岁，那么，他的全部时间就是六十万个小时。如果把一生的时间当作一个整体运用，那么就是到了三四十岁，他会认为现在刚刚是起点，即使五六十岁，还有许多有效时间可以利用。但对于对一生的时间运用没有一个整体打算的人，活一天算一天，到了三四十岁，他就会感到人生的道路已快走到尽头了。人过三十不学艺，结果是无所事事地混过晚年。而对于业余时间的利用也一样，如果不把一生的时间当作一个整体运用，两个小时的业余时间他就会感到不足挂齿，白白地消磨过去。有的人忽视了时间的整体性，随意把时间浪费掉，那么，虽然他们在此时是自由的，但在即将接踵而来的社会竞争面前，却很可能不自由，就会丧失某些原本属于他的机遇。

我们提出把一生的时间当作一个整体来运用，就是说对人的一生，从童年、少年、青年、壮年、老年等整个人生的时间阶段，进行全面规划，统筹安排；在整个生命周期中，合理科学地开发自己的智力和创造力，不失时机地使自己成为一个有用的人才。其实，这种设想，早在二千五百多年以前，我国著名的教育家孔子，在《论语》中就已经提出来了。他说："吾十有五而志于学，三十而立,四十而不惑,五十而知天命,六十而耳顺,七十而从心所欲,不逾矩。"也就是说，他认为人在十五岁要立志发奋学习，三十岁开始创立事业，四十岁已不为纷繁复杂的社会现象所干扰，五十岁懂得了自然规律，六十岁能容纳各种不同意见，七十岁时处理问题得心应手，不出差错。孔子的这一自我设计，在今天看来，虽不一定做固定的模式教人们都去效法，但它的精神却给我们提供了有益的启示：这就是在把自己一生的时间当作一个整体运用时，首先要围绕我们的不同生命阶段来对自己进行终身设计。

把一生的时间当作一个整体运用，是人才成功的需要。成功之路，是一个艰辛的长期的奋斗过程。在成功的目标与起点之间，隔着崇山峻岭，除了汗流浃背地攀登之外，还要付出毕生的精力。巴甫洛夫在《给青年们的一封信》中说："你们要记住：科学需要一个人贡献出毕生的精力，假定你们每个人有两次生命，这对你们说来也还是不够的。科学要求每个人有极紧张的工作和伟大的热情。希望你们热情地工作，热情地探讨。"几乎所有对社会有着巨大贡献的文学家、政治家、科学家都为自己所从事的事业献出了毕生精力。欧拉的数学研究从年少开始持续到七十多岁的高龄，由于工作过度一只眼失明了，另一只眼微明，但他仍坚持工作；俄国画家伊凡诺夫，用二十八年时间，画了二百多张预备性的初稿；法捷耶夫写《青年近卫军》，收集的资料竟有几百斤之多。所有的成功者用一生证明，如果把时间当作一个整体来安排，让时间和才能集中用到一个目标上，就将取得非凡的成就。

把一生的时间当作一个整体运用，是时间观念历史发展的产物。时间观念是人们在劳动过程中形成的，是在实践活动中逐渐深化与发展起来的。同样，人类对时间的控制也是随着社会的进步，而逐渐加强的。古代人通过日晷、水漏来观察时间，随着社会的发展，人们清楚地看到了在短短的时间里所包含的巨大容量。计量时间的单位也由时、刻、分、秒，逐步精确到毫秒、微秒。我们提出，把一生的时间当作一个整体运用，就是为了合理地安排自己的一生，以适应在科学技术高速度发展的今天，提高工作效率的需求。

自强自信，你也能有高效率

缺乏自信常常是性格软弱和事业不能成功的主要原因。没有自信的人会经常陷在自我否定的圈子里，认为这事自己干不了，那件事自己不可能做得更好等，影响了效率。

许多人以为，信心的有无是天生的、不变的。事实上并非如此。童年时代招人喜爱的孩子，从小就感觉自己是善良、聪明的人，因此才获得别人的喜爱，于是他们就尽力使自己的行为名副其实，造就自己成为他相信的那样的人。而那些不得宠的孩子呢？人们总是骂他们："你是个笨蛋、窝囊废、懒鬼，是个游手好闲的东西！"于是他们就真的养成了这些恶劣的品质，因为人的品行基本上取决于自信。

人们做事也是一样，对自己没有信心，做起事来就成了应付，结果也不会令人满意。但一旦充满信心地去做事时，情绪会高涨，把困难视为一种挑战，工作起来效率就非常高。结果不但让别人满意，自己也会更加充满自信，再做其他事时，也会是高效率的。

信心的力量很惊人，它能改变恶劣的现状，带来令人难以相信的圆满结局。

缺乏自信的人总是为了讨人喜欢而要求自己必须更好、更优秀才行。他们甚至主观地认为：实现这些要求是自己生存所不可缺少的，殊不知那不过是主观上的需要罢了。在客观的情形下，大可不必如此，别忘了：越是处在扭曲的关系之中，就越不容易自拔。

缺乏自信的人，无论在什么人面前，都不能在心理上以安定、对等的立场和对方说话。

由此看来，并不会因为你想拥有自信的意志和愿望，你就能够拥有自信；就像有时候你有想睡的意志和意愿，却翻来覆去睡不着，道理是一样的。

由此看来，星星之火，可以燎原，信心就好比星星之火，而信心激发的潜能所创造的效率则犹如燎原之势。

当一个人没有信心，就什么样的行动都拿不出来，不想改变自己的生活环境，也不想去帮助其他的人。既然你已拥有控制自己思想、感受和行为的能力，为什么不拿出积极的行动来呢？以往不明白信心对人的影响，因而形成了今天的你，然而，此刻是你头一次可以掌握住信心，为什么不尝试改变自己的无力感？凭借着你学到的道理和技巧，只要能好好练习，就必能成为一个高效率的人物。

不要眼睛只盯着事情的问题表面来看，要找出它内在的原因。不要忘了，也许所作的任何不起眼的决定，都会影响到未来的命运。此外也要记住，一切的决定都会有其结果，因此，如果不是自己做主，而任由别人或环境来作主，或者是连想都不想所作的决定，就贸然采取行动，结果花了很多时间，却不会见什么成效，甚至可能还会酿成滔天大祸。有时候人们所作的决定是为了避开一时的麻烦，结果却造成了长期的困扰，等到发觉事情不妙了，却跟自己说那个事情已是病入膏肓、回天乏术了。

当前人们所面对的许多问题都很棘手，大部分人认为要想解决恐怕只有"超人"才有办法，这实在是大错特错了。要知道，在人生的道路上所碰到的各种困难，事实上都是无数很小的决定积累而成，那可能是你个人的决定，也可能是你的家庭、你居住的社区、你工作的单位、你生活的社会，乃至于你所属的国家所作的决定。一个人的成功或失败，绝不是因为他作出了石破天惊的大决定，而是在于他每天所作的小小决定，以及根据这个决定所拿出来的行动。

不妨利用衣着，来振奋自己的精神，并建立自信。

一个心理学老教授常常会在期终考试前劝告他的学生："为这个考试好好打扮一下吧。打一条新领带，衣服要烫平，皮鞋要擦亮，让人看起来有一种容光焕发、精明能干的感觉，这也会让你觉得自己确实很精明干练。"这位教授的确很了解上述原则。因为你的外在形象确实会影响你的情绪，影响你内在的感觉。

当一个人打扮得像个经理时，就会觉得自己真的是个经理，因而表现出经理的派头与风度，工作起来也劲头十足。有位推销员曾说："除非我看起来好像业务很好，否则不会真的感觉很好。如果想要争到大订单，就一定要感觉自己的业绩很好才行。"

你的仪表会对你自己说话，当然也会对别人说话，它能帮别人决定对你的看法。

得体的仪表能告诉大家："这是一个精明能干、很有前途，而且能担当大任的人。他值得受人器重与信任。而衣着邋遢者就令人不敢恭维了，他们的仪表好像在说："这里有个落魄的人，他不修边幅，办事毫无效率，是那种可有可无的小人物。他根本不值得受人重视，他已经习惯被人使唤。"虽然古语讲"人不可貌相，海水不可斗量"，但实际上，真正能做到的人实在太少了。

一定要记住，你的衣着会对你自己和别人显示你的内在气质，一定要使你的衣着能表现出"这里有一个很自重的人，他真的很重要，我们也要重视他"的感觉。

你要使别人都能看到你的优点，更要创造出完美的形象。

你比别人差的不是时间，而是自我管理

保罗是拿破仑·希尔的一个学生，他一向成绩都不错。但在一次考试中，他迫切想拿到甲等成绩，结果考场作弊，虽然没有被发现，但他内心的罪恶感让他无法平静地思考，考得一塌糊涂。希尔了解情况后，与他的学生进行了一次谈话，他这样说："保罗，你是这样迫切要得甲等成绩，才做出违背良知的事来。同样地，在你的一生中，也会遇到许多你迫切想要获得甲等成就的情况，而试图去做一些违背良知的事情。例如，有一天你因迫切地想促成一笔交易，而不择手段地诱使客户掏腰包。这样成功的机会可能很大，但会产生什么后果呢？罪恶感会缠住你，等你再碰到这位客户时，你会感到很不自在，怀疑他是否发现你已做了手脚。你的表现也因为心神不定而乱成一团，很可能就无法再继续做第二、第三、第四笔不断而来的生意。结果，使用诈术做成的生意反而使自己断了许多财路。

"一位声名显赫一时的社交名流，因为深怕他的太太会发现他有外遇而心神不定，结果恐惧侵蚀他的信心，什么事都做不好，这样怎么能出效率呢？

"我们每个人都有向善的意愿。当我们违背这种意愿时，就等于把癌细胞放进自己的良知，让其吞噬信心，并逐渐蔓延扩散。因此，要避免去做任何会使你自问'我会被逮住吗？'的问题。"

令人很高兴的是，听了这番话的保罗，此时已经明白了行事正当的实际价值。

由此可见，"行事正当"能使良知获得满足，因而建立自信。"行事出轨"会导致种种消极的结果：第一，罪恶感会腐蚀人们的信心；第二，别人迟早会发现从此不再信任他们。

心理学家告诉我们，我们能借着改变实际行动，来改变我们的心态。例如，如果你使自己发笑，你就会觉得真的很好笑；当你挺直腰背时，你就会觉得自己很优秀；相反，你若装出一副苦瓜脸，心情自然好不到哪儿去。

　　尝试着坐到前面，如果你被允许。在各种场合中，后排的座位总是先被坐满，大部分占据后排座位的人，除了没有机会坐到前面，大部分是希望自己不要"太显眼"，而他们怕受人注目的主要原因就是缺乏信心。所以，我们要把尽量往前坐当作一个规则来执行，并从现在就开始。坐前面虽然会比较显眼，但这样更容易使你精神集中，工作更有效率。要记住，有关成功的一切都是显眼的。

未来规划，效率也是想来的

很多人认为，与其把时间都花在对于未来的规划上，还不如脚踏实地地苦干。实干固然很重要，但合理的计划能让我们事半功倍。如果说实干是汽车的发动机，那计划就是汽车的方向盘和地图。脱离了方向盘和地图，汽车也能到达目的地，但中间难免会走弯路，浪费了精力和时间。只有照着计划前进，才能快速有效地实现目标。

没有任何事比事前计划更能把时间进行生产性的运用。研究证实了一项常识：用更多的时间为一项工作做事前计划，做这项工作所用的总时间就会减少。

计划可以分为两种：长期的计划与短期的计划。

长期性的工作常让人很头疼，因为它们通常难以预期，一开始认为能很快完成的工作，最后可能不但延期，还耗费了很多精力。对待长期的计划，有以下几点：

第一步，设立总的目标。这一步的关键在于不仅要把观念或信条确定下来，而且要使其具体化；将总目标分解细化，使其成为指导工作的方针和努力的方向。

第二步，进行预测。在进行计划时，要考虑对客观环境的分析预测，离开了客观环境，长期发展计划则不啻为沙上建塔，空中造楼。尤其当计划延续时间很长时，要注意分析客观环境的变化。

第三步，设立阶段性计划，即把长期的工作分割开来。由于长期性工作费时费力，人们容易失去工作的动力。因此自己设定几个进度，并规定好它们的截止时间，反而是更有力的自我激励的方式。

第四步，每周定下固定的若干时间，专门处理长期性的工作。刚开始，不要定下太长的时间，否则容易引起自己的挫折感，要积少成多，逐渐有成。

第五步，事先找出下次工作时的重点。知道下次工作重点，一直有意识或无意识地想到它，等到真正要实施时，就会很熟悉。

第六步，养成固定的工作习惯。如果事先规定自己每周或每天的某个时刻，必须从事哪些花费多时的长期性工作，久而久之，一到那个时刻，就会主动地空出时间去做它，这就是习惯的力量。

第七步，偶尔转变工作的角度。长期从事某一工作，容易使人觉得疲惫、毫无成就感而降低对工作的兴致。所以转换角度，容易提高对工作的兴致。

对于短期的计划，我们可以每隔一个时间段，检查它一下。

1. 每日之末。我们最好在每天醒来之时，知道今天该干什么，先干什么。所以，每日之末，拟定一个要在明天完成的目标和如何进行的简要计划，按重要程度排列，并把重要项目编上号码。

2. 每周之末。一周是一个工作阶段的结束。在每周的最后一个工作日之末，花点时间检查一下本周的主要活动，并与上次计划的成果进行比较，找出能改进之处，再拟定出下周各项工作的计划。详细地，也可拟定出下周每天要达到的一项或几项主要目标。

3. 每月之末。与一周一样，总结本月的重大事件，反思；并拟定出下个月要达到的一些主要目标。要计划出下月的每一周，所要达到哪一项的主要目标。

4. 每季之末。检查本季成果，同预期计划比较，确定补救措施和改进方案。

你比别人差的不是时间，而是自我管理

确定下季每月工作的要点。

依次类推……

需要注意的是，同时进行数个计划容易顾此失彼，不仅完成的时间要延长，而且其品质也无法控制得当。所以最好根据工作的紧急性、成功的可能性、重要性、预期效果，以及所需要的时间，来决定计划的轻重缓急；否则一箭"数"雕，只能使质量每况愈下。

不要再吝惜你制订计划的时间了，这也是一种时间投资！

大部分人都会有这样的经历：每天早早起床，而后开始一天的工作；当忙碌至深夜后，发现这一天充实有余，但做成的事却不多，这是什么导致的？

世界上有很多人每天奔波于南北半球，所以比你忙的人真的是太多了，他们和你拥有一样多的时间，但他们却完成更多的工作。从这点来看，时间是绝对公平的，只是他们更善于掌控自己的时间。

表面上看忙碌一整天，会让很多事情有一个终了，可成事不多也说明了忙碌的意义不大。更清晰地说，当只是为了充实而忙碌时，目标就远离你了，时间也被马不停蹄地浪费了。所以，我们要时刻告诉自己：忙碌必须要有意义，否则就要冲上一杯咖啡，待想清楚这件事情之后，再忙也不迟。

一位老师曾给他的学生们讲过这样一个故事：一只土拨鼠被三只凶猛的猎狗追赶，机灵的它很快钻进了一个树洞。树洞只有一个口，进出都得通过它。突然，在树洞里蹿出一只兔子，这只兔子一眼便看到了守在洞口的三只猎狗，慌忙之中，它飞快地爬上了树。

此时，焦急等待的三只猎狗朝着爬上树的兔子"汪汪"直叫。片刻，原以为躲过猎狗的兔子脚下一滑，从树上摔了下来，恰巧砸在了三只猎狗身上，并把它们砸晕了。就这样，兔子最后逃走了。

讲完故事后，这位老师询问班级的学生："这个故事有没有问题？"学生们的发言极为踊跃，有的说兔子是不可能爬上树的，有的说三只猎狗不可能一下子被兔子都砸晕……一时间众说纷纭。待学生们都一一发表完自己的意见后，老师说："你们有没有想过土拨鼠哪里去了？"

听了老师的提问，学生们方才惊醒，是啊，三只猎狗是去追土拨鼠的，它哪里去了？这位老师讲这个故事的目的，就是让学生们知道目标的重要性，要时刻想着自己的目标，奋斗才有意义。

很显然，如果不能把目标种在心中，所有的忙碌都是瞎忙，都是心亡一般的忙。没有目标的人是可悲的，而人生的意义只有在朝着所制定的目目标努力，才多姿多彩。可以假设一种情况，给予一个人难以计数的财富，他想做什么都行，他最终会怎样呢？钱财一定会让他的目标慢慢消失，渐渐远离他，他唯一的目标或许就是"花钱"了。

有这样一个故事：一个四体不勤、五谷不分的家伙，终日里从未对一件事情热衷到底过。生产队长为了改造他，给他找了一份记工员的工作，可是，几天之后，他便嫌弃这份工作琐碎，因为每天都要到现场记录。

无奈之下，生产队长让他去放牛。这个懒汉一想：不错，还能骑在牛身上，十分自在。但好景不长，他很快就向生产队长抱怨起来，原因是骑牛倒是不错，可牛身上的蚊子很多，而且无论什么样的天气都要出去放牛。

为了将其成功改造，生产队长挑选了一个更加轻松的工作——看守坟地。这次与以往一样，三分钟的热情一过，懒汉再度发起了牢骚："他们那些人都躺在棺材里面睡大觉，凭什么要我一个人在旁边守着他们呢？"

这样的笑谈很贴近我们的生活，仔细看看你的身边，一些人像懒汉一样：他没有自己的目标，或者说把目标定得很模糊；他们被时势环境所推动，把得过且过当成了"座右铭"，这是人生最大的悲哀。

人生苦短，白驹过隙，一眨眼的工夫，你的双鬓就已斑白。不立刻行动起来，

你比别人差的不是时间，而是自我管理

明晰自己的目标，那么"三十年弹指一挥间"可能是你终老时唯一的人生感悟了。

在众多负面的例子中，还有一种情况：自欺欺人式目标制订法。听起来有些奇怪，其实很简单。与学生相比，漂在社会中的人的自律性更差。大部分学生虽然年纪尚轻，但起码在老师、父母的督促下，或者直接点说，在周围同学的比照下，他们落后就要"挨打"。于是，小学生为了上重点初中、中学生为了上重点高中、高中生为了上重点大学，都在重压下珍惜时间、刻苦学习。还有一点，因为年轻，所以他们真的是有很多时间。

而社会中的"漂流瓶"们，在来自社会的巨大压力下，扭曲了自己的思想。他们把自己当成了无人知道的落叶。他们前行的方向和动力都来自于风，这种风，便是不良风气。而他们美其名曰："随遇而安"，实在令人汗颜。人生没有规划，无异于行尸走肉。

即便有了目标，我们也会受到各种"骚扰"。比方说要写一份材料，你可能会在百度上搜索一下材料；这时候，你的网页上可能会跳出各种各样的链接，总有一些吸引你去点开；然后一上午，你可能被各种远离你初衷的"最新垃圾信息"缠身，宝贵的时间就在鼠标下划过了。

事情发展到此便明了了，有时不是你没有清晰的目标，而是你不会掌控时间达成目标；而一分钟、一小时、一天、一年，就是这样被浪费了。

哲学家漫步于田野中，发现水田当中，新插的秧苗竟排列得如此整齐，犹如用尺量过一样。他不禁好奇地问田中的老农，是如何办到的。

老农忙着插秧，头也不抬，要他自己插插看。哲学家卷起裤管，喜滋滋地插完一排秧苗，结果竟是参差不齐，惨不忍睹。他再次请教老农，老农告诉他，在弯腰插秧时，眼光要盯住一样东西。

哲学家照做，不料这次插好的秧苗，竟成了一道弯曲的弧线。

老农问他："你是否盯住了一样东西？"

"是啊，我盯住了那边吃草的水牛，那可是一个大目标啊！"

"水牛边走边吃草，而你插的秧苗也跟着移动，你想这个弧形是怎么来的？"

哲学家恍然大悟，这次，他选定了远处的一棵大树，果然插出来的秧苗非常直。

老农并不比哲学家有智慧，但他懂得先想好目标，再去做事。

为什么有的人在工作中，能创造出很高的效率，而有的人忙忙碌碌却最终一事无成呢？关键在于他们没有想清楚所做事情的方向性，把他们的精力消耗在偏离方向的不重要的事情上，从而做了一些无用功。他们在羡慕他人成功的同时，还不知道自己的失误到底在哪里。

我们不论是学习，还是工作，都必须注意行动的方向性和有效性。这样不仅节省时间，同时也有成效，从而避免忙忙碌碌而又毫无所为。一个最简单的做法就是经常问一问自己，我的目标是什么？我的所作所为对实现目标是否有益？

善于利用时间的人都有一个共性：就是善于把握方向。无论他们做什么事情，都把目标想得很清楚才开始行动。如果没有明确的目标，一味地蛮干，是绝不会获取成功的。如今也一样，最重要的做事原则，就是要时刻清醒地认识到自己是什么样的人和要做什么样的事情。

如果拼命地在错误的事情上浪费精力，即使是做得十全十美，那也只能是南辕北辙，不会带来成功和快乐。

很多人在生意场上或是在工作中，大都以赚钱或是获得名誉为唯一的目标；并且把这一目标无限扩大，使自己总是处于紧张、繁忙和无序的状态，很少考虑他们的职业技能、生意天赋、兴趣爱好等其他方面的问题。在行动的方向上，总是处于盲从的状态，而不是根据自己的实际状况来考虑问题，这样的结果，会使他们对工作失去乐趣和激情，最终摆脱不掉失败的结果。

保持自我是很重要的，无论是在工作中还是在生活中，都要意识到，你的选择是你自己的。

如果你不满意你现在的状态，你想让你的住房更大些，或是你想拥有一部你做梦都想要的汽车，那么你就要为你的梦想付出代价，这个代价就是在你的生活中有一些改变，某种程度上，你要付出的多一些；多思考，改变工作方式，更聪明地工作，你总会得到你想要的。

有很多的改变都是前进路上的方向标，虽然这些改变看上去很细微，但是它们的作用要比速度重要得多。在人生的路上，就好像是一次旅行，可以有不同的速度，但首先要明确方向；大多数人在匆匆赶路的时候，不考虑方向的问题，结果去了一些根本不值得去的地方。没有了方向，速度就失去了意义。要记住，方向永远比速度更重要。

"跛足而不迷路的人，能赶过虽健步如飞但误入歧途的人。"根据自己的才能特点，发挥自己的性格优势，选择适当的目标，这样，才能少走弯路，快出成果，早日走上成功之路。

决定方向的因素有很多，我们要在生活中对它们进行严格的审视。比如你选择什么样的人做朋友、你的时间安排、创造性思维的能力、热情、对工作的态度等。不要小看每一天的生活状态和快乐指数，这些可能都在潜移默化地影响着你对事物的看法。坚持自己的正确观点，付出勇气和行动，为驱动力加油，这的确是一种简单而有效的成功方法。

事实上，在通往成功的路上会有很多障碍，即使你运用了比较轻松而有效的工作方法，要想获得更多，还是要付出努力的。要时刻提醒自己，在成功的路上，一定要表现出耐心和对困难的挑战。如果通过自己的努力而获得了你在生活中从来没有过的成就，那样的快乐和满足感，会比生下来就富有的人高出几百倍，这种生命的体验不是更有成就感吗？

关于自己的人生方向，你是否已作出规划？也许你仍在学校里继续深造，但这不会影响你为自己设计未来的美好蓝图；有了这个蓝图，你才不会浪费过多的时间，因为"时间就是金钱"。也许你已是一个"社会人"，那就更要了解，有了目标会使你少做很多的无用功，还能更轻松、更快捷、更有效地实现它。

化繁为简，善用懒人的智慧

有这样一种观点：懒人推动了历史。懒人因为不想走路，所以发明了汽车；因为想让沟通更快捷，所以发明了电话……凡此种种，争当"懒人"似乎渐渐成为一种趋势。想想你是什么样的人，你要怎样"懒惰"起来呢？

一位企业家曾说："工作过于努力的人，没时间去赚大钱。"在我们身边，也常常能够看到很多人都在抱怨"我的工作太辛苦了，简直没有时间去读书和思考。"你又不是国家领导人，怎么会忙到一点点空闲时间都没有呢？

曾任通用集团 CEO 的杰克·韦尔奇，有一次，找来了公司一个部门的主管开会。他对那位主管说："虽然你的部门有盈利，但我认为你可以做得更好。"这位主管很费解，杰克·韦尔奇解释说，他只是希望那位主管对工作能够更加投入，多一点激情，这样工作效率才能提高。

主管听了杰克·韦尔奇的解释还是一头雾水，他觉得自己的工作已经做得尽善尽美了，并直言自己在工作上和用人上的成绩。杰克·韦尔奇听完后点点头，说："我给你一个假期，放下一切，等你回来时，就会明白我的说法了。"

尚未弄清楚杰克·韦尔奇用意的主管点点头，决定享受这个假期。很快，假期结束了，当这位主管重新回到工作岗位时，发现自己精神焕发，工作的积极性也大大地提高了。时间和工作都被他安排得井井有条，部门的效益也有了大幅度提升。

杰克·韦尔奇让部门主管适当"偷懒"的做法，实质上是令其再度蓄力，只有适度地当懒人，才能更加勤快。其实，时间并没有增多，当你因精力充沛，在一个小时内完成了别人需要两个小时完成的工作时，你会感觉你的时间多了。这是适当懒惰的结果，也是懒惰的好处。

时间由我们自己主宰，现在你可以看看，你是想做一个聪明又懒惰的人呢，还是做一个聪明又勤奋的人呢？

作为普通的员工，懒惰对于他们而言就像犯罪一样。而不想成为时间的罪人，想"赢在8小时之外"，就要头顶星辰，脚踩大地，把手上的茧子磨得比别人厚。常规来看，付出和回报是成正比的，什么样的付出就有什么样的回报，只是单单追求业务量，结果是否尽如人意呢？

一个聪明又懒惰的职场精英会把时间规划起来，在何时做什么事、说什么话，都有条有理。当超出预计的工作时间而未能完成任务时，要适度调整，把时间用在总结失败和调整状态上。如此，你就会"制造"出懒惰的时间，这部分时间是你提升自己的大好时光，当再次沉浸工作时，你会做得又快又好。

调查显示，人类精力的60%以上，都用于抵抗压力的侵袭，完成责任以及对规章制度的遵循上。大量丝毫没有意义的人际交往，充斥在我们周围，以至于我们的创造力被浪费、热情被降温，机械的步骤占据了我们的时间和生命。连带着，我们的思考时间和空间也在缩减，生命的浓度被世俗慢慢地稀释了。

与其如此，倒不如砍掉那些旁生的枝节，让那些耗时耗力的事情随风而去。朋友打电话邀请你吃饭，你回答"没时间"后，他们不会因此与你断交；电视剧中爱得天崩地裂的场景，极少会出现在现实生活里，所以拒绝它，你不会因此没有爱情。生活中，有很多事情能让我们舍弃，进而让我们用懒惰的时间进行思考。切记，懒惰的目的是思考，把时间利用起来，而不是单纯的懒惰。

年轻时的丘吉尔曾被派驻印度。在那段时间里，丘吉尔利用空闲时间阅读了在大学时代被他忽视的书籍，并总是在阳光下不经意地进行可令其终身受益的思考。同时，他要求母亲给他寄了一套年鉴，其由英国政治年鉴以及世界各国的新闻汇编而成。他边仔细地阅读，边做笔记，逐步掌握了年鉴所包括的丰富事实和资料。

当他阅读国会辩论的重大问题的摘要前，总会仔细地勾画出对这一特定事件的个人看法，而后把自己的观点和分析同当时的与会者进行比较，从而在遥远的班加罗尔，进行了诸如国会辩论等政治活动的"演习"。相比较而言，同被派去的同事们则是在慵懒、享乐中度过的，他们思考的是如何能让自己更快活。

我们要懒，要懒到点子上，要用懒把勤招来，让其为我们服务，这堪称是一种境界。大部分成功人士每天都比较忙碌，但他们的忙碌却是建立在懒惰的基础之上的。毋庸置疑，他们主宰着自己的时间，可以让世界为他们旋转。

成功人士也是从普通人演变而成的，他们成功的理由千千万，唯一不变的一个即是他们主宰了自己的时间，让时间成为自己的仆人。而大部分无法取得成功的人，一个原因即是他们被时间摆布了，时间主宰了他们的生命。

长期以来，古今中外都有一种普遍的观念，就是鄙视懒惰。人们一说起懒惰就深恶痛绝。其实，"懒"从某种角度来说，既能成为一种创造的动力，也能提高生产的效率。

我们从小就听长辈们说起过懒汉，仿佛懒惰是个最丢人的事。实际上，正是"懒汉"推动了社会的进步；没有"懒汉"，再勤劳的人也会沉溺于单调乏味的劳作无法自拔。如晚饭后，一个小姑娘帮妈妈收拾餐具。她小心翼翼，把碗碟摞得很高。这时，妈妈就会冷言冷语地责备说："真是懒汉干活！"

用不着经过几次批评，这孩子就会养成滥用力气的习惯：即每次少拿一只碗，多跑几趟，把力气花在不必要的往返上面。开始时，她只是做给妈妈看的，久而久之，她养成了习惯，她以为外表表现出勤劳是很重要的。结果，她长大了，总是一副忙碌的倦容。

懒惰的饭店服务员，通常是最令人满意、最优秀的。他们总是力争一次就把餐具都送到餐桌上，因为他们讨厌多走半步路。而那些勤快的伙计却端上咖啡而不带方糖和勺子，他们反正不在乎多走几趟，每趟只拿来一样东西，结果咖啡已经凉了。

有个叫汉弗莱·波特的少年，人家雇他坐在一台蒸汽发动机旁边，每当操纵杆敲下来，就把废蒸气放出来。他是个懒汉，觉得这活太累人，于是想办法在机器上装了几条铁丝和螺栓，使得阀门可以靠这些东西自动开关了。这么一来，他不但能脱身走掉，玩个痛快，而且发动机的功率立刻提高了一倍。

杰出的工程师、动作研究之父弗兰克·B·吉尔布雷思，常常把各行各业优秀工人的劳动动作拍成影片，以判断一种工作最少可以用几个动作完成。他发现，懒汉才是最优秀的工人，人们能从他们身上学会许多东西，因为他们懒得连一个多余动作都不肯做。而勤快一些的工人的效率要低得多，因为他们不在乎把力气花在多余的动作上。一个称职的领导人也同样懒惰，凡是能吩咐别人为他干的事，他绝不亲自去做。

人正是懒得推磨，才发明了风车；懒得走路，才发明汽车；懒得洗衣服，才发明了洗衣机……懒惰的人，身上常常闪烁着创造的火花。

第 2 章

确定目标 动力是提高效率的基础

一个人只有树立明确的目标，才有成功的可能。没有目标的航船，任何方向的风对它来说都是逆风。现实生活中，做对的事情比把事情做对更重要。另外，正如有句古话所说："凡事预则立"，只有事先规划才能确保顺利。

别让时间“跑偏”

常言道：“马壮车好不如方向对。”如果你每天都在忙工作，可是最终到月末统筹的时候，你的工作业绩却并未因你的勤奋而让你喜悦，你会怎么想？也许你会有“费力不讨好”的念头，认为自己的努力，创造不出价值。

其实，你应该静下心想一想，究竟是你的努力不够，还是你的方向不明？春秋战国时期，有一位老夫子带了很多货物前往南方的楚国，但他却驾着马车朝北奔去。途中，他向路人问路。路人惊讶地说：“这条路并不是前往楚国的。”岂料老夫子回答：“没有关系，我的马很强壮。”

路人更加疑惑了，说：“这条路不是前往楚国的。”谁知老夫子又说：“我的马夫善于驾车。”路人无奈地摇摇头，不再说话。

明确的方向决定了一个人奋斗有无意义，如果方向无法确定，勤奋只是徒劳。同时，越是勤奋，他与目标的距离将越远。笼统地说，目标便是一个人的梦，一个有梦的人，他的努力方向自然是清晰的。

几乎所有的成功人士，都是很早就有梦想的人。在我们身边，也许你会听到这样一句话：“我这个人是很现实的。”换句话说，他并不爱梦，也不想拥有梦。

“明年我要买一所属于自己的房子。”“40岁之前我要挣到1000万。”“我要周游世界。”从某个层面看，与金钱联系紧密的梦想都是比较现实的。可不能否认的是，这些都是阶段性的梦想。梦想敦促人们更迅速地朝着目标奋进，而这变相地会让一个人的时间陡然增加，令其在有限的时间内创造出无限的价值。

梦想是实现超越的翅膀，只要我们心中有梦想，并以实现这个梦想为最终目标，那么我们就会忘却烦恼、忘却疲惫、忘却一切可乱人心志的因素。不用纵观古今，即便是我们身边，你也能看到当一天和尚撞一天钟的人。得过且过的他们甘愿平庸，他们的身上散发出的永远是陈腐之气；你不知道他们的梦想是什么，他们自己都不知道活着的意义是什么。当年已终老之际，成功的你会露出满足而欣慰的笑容，而碌碌无为的他们，则回望着自己空洞的一生，在哀怨中度过身在人世的最后一秒钟。

时间已经证明，拥有一样的时间、付出同等努力的人，如果一个有梦想，一个终日混沌，不消说生命的尽头，就是在很短的时间内，便可明晰他们的未来究竟如何。与其庸庸碌碌，不如奋力一搏，立下宏伟梦想而后奋勇向前，让你的生命超越时空。

弗兰克是一位深受弗洛伊德心理学派影响的心理学家，他在纳粹集中营里经历了一段悲凉的岁月后，开创了另一个心理学流派，并以积极向上的态度和梦想令世人折服。

弗兰克的父母、妻子、兄弟等都死于纳粹之手，他本人在纳粹集中营中亦是九死一生。一天，独处于囚室之中的他突然有了新的感悟——也许，正是集中营中的恶劣环境让他醒悟了。他想："即使在极端恶劣的环境里，人们也会拥有一种最后的自由，那就是选择自己态度的自由。"

他的意思是人们在没有方向、没有出路、无人求助的情况下，依旧可以自行决定自己的人生态度。弗兰克在那段艰苦的岁月里，选择用积极向上的态度来面对一切。悲观绝望没有占据他的思想，他不断地在脑海中勾勒这样的画面：某一天，他站在讲台上，把自己的这段痛苦经历讲给所有的学生听。

凭着这股坚毅和信心，时刻以美好的、积极的梦想鞭策自己的弗兰克，最终安然度过了那段岁月，他本人的思想也在经受历练之余得以升华。他生命的浓度，在梦想的感召下达到了令人吃惊的地步。

梦想可以超越一切，发生在弗兰克身上的事情，基本上不会发生在我们身上，所以为何我们在和平、安逸的情况下，不选择锁定自己的目标，树立自己的梦想，然后努力朝着一个方向螺旋式上升呢？

一个牧羊人带着他的两个儿子一起去放羊，大儿子看着天上的大雁对父亲说："我能像它们一样飞起来吗？"父亲点点头，说："只要你想着飞就一定可以。"说着，他试着扇动了几下胳膊，并没有飞起来。小儿子看着眼神黯淡的父亲说："真的可以吗？只要想着飞就行？"父亲再度点点头，说："我因为老了，所以飞不起来了，只要你们坚信能飞，就一定能够飞起来。"

多年以后，两兄弟实现了他们儿时的梦想，能像任何鸟儿一样在天空中飞翔了，因为他们发明了飞机。他们就是飞机制造的鼻祖——莱特兄弟。

有了梦想，你就能按照梦想实现的过程，来划分自己的时间。眼下你要做什么呢？你需要规划、需要行动、需要克服一切困难。当你经过努力再努力的一段奋斗岁月后，你就会成功。

倘若只是得过且过地活着，并不在乎实现梦想与努力的关系，时间流逝后，你会发现两鬓斑白的你依旧在努力着。因此，你是想留下晚年时间享受，还是一辈子都"不清不楚"地奔波，全看你是如何把握人生的方向盘的。

向着目标方向前进

古往今来，凡是有成就的人，都很注意把时间用在一个目标上；专心致志，集中突破，这是他们成功的最佳方案。传说德国考古学家施利曼起誓要找到特洛伊遗墟的时候，才八岁。历史上不少人被埋没，除了社会原因之外，还有就是没有找到他们为之献身的具体事业目标；东一榔头，西一棒子，今日点瓜，明日种豆。但是，选择具体目标，却并非一件易事；因为目标的选择，要考虑到社会的需要，对本人才能的自我认识、家庭及工作岗位等一系列原因。所以，不少年轻人和中年人也知道要学习，也不乏献身的热情；但提到选择目标，却望而生畏。他们认为，专业已明确的，不用选择目标；专业不明确的，很难选择目标。他们感到最困难的是本职工作、爱好与选择目标的矛盾。其实，在多数情况下，这两者可以通过主观的调节，结合进行。结合本职工作选择目标，两者相辅相成；理论与实践紧密结合，比较容易取得支持与环境的助力；结合本人爱好选择目标，则由于兴趣所在，通常能倾注全部心力于其间。

一般来说，业余的学习时间究竟有限。而在知识爆炸的当代，如何不使自己的头脑成为浩繁知识的贮藏库，有选择地学习一些有用的知识，并让它们迅速地转化为聪明才智，有效的方法就是将业余学习和本职工作结合起来，以工作需要为根据，确定学习的重点与方向。另外，把业余学习和本职工作结合起来，也符合人类思维的发展规律。人们的思维发展表现为认识的逐渐深化过程。把业余学习时的思维活动与工作实践中的思维活动联系起来，就能发展并深化白天在工作实践中的思维活动。许多业余学习和本职工作结合得好的经验证明，白天工作中遇到的难题，常常在业余学习中能得到解答。不管是结合本职工作选择目标，还是根据爱好选择目标，都要有所弃，才能有所取；有所不为，才能大有所为。

也有些人可能感到设计终生目标有困难，那么，先作短期设计，就是在一段时间内，专攻一个课题，把其他无关的书先放一放；待有成绩后，再变换新的题目。总之，要认准一个目标，集中精力和时间深钻下去，力求搞出一点成绩来；而不要在朝秦暮楚和一日三变中，贻误自己宝贵的青春和才能。文学家高尔基就是经过无数次失败，才走上了写作的道路。开始他爱好戏剧，但此路不通；他想去当马戏演员，那里的人却说："你来晚了，你的岁数太大，骨头硬了。"他学写诗，写了厚厚一本，送给一位作家看，这位作家看后说："……我觉得你的诗很难懂。"后来，遇到一位革命家，高尔基常对他讲自己流浪生活的遭遇，有一次讲到自己遇见吉卜赛人的情形时，那位革命家叫他写下来，于是，高尔基硬着头皮写了下来。第二天送到《高加索报》的编辑部，一位老编辑看了连连说："好！好！但你还没有署名呢，你是谁？"高尔基踌躇了一会，坚决地说："好吧，就这样署名：高尔基，马克辛姆·高尔基。"从此，一颗文坛上的明星升起来了。

也许大多数人不想试着超越自己可能性的极限，他们一辈子也不想试着了解他们能干些什么、不能干些什么。因为他们不知道，什么是他们的闪光点。苏联作家格拉宁说："这种审慎稳妥在科学界是最可悲的。""如果每个人都知道自己能干些什么，那生活会变得多么美好！因为每个人的能力都比他自己感觉到的大得多。"如苏联戏剧家斯坦尼斯拉夫斯基的大姐，原来在剧场负责服装、布景一类杂活。一次，女主角有病，由她替补。她克服了排练时的自卑、羞怯，演得出人意料的成功。斯坦尼斯拉夫斯基用"一个偶然发现的天才"为题记叙了这件事。

既然每个人身上都有着不同的才能生长点，大自然又平等地赋予了全人类每个成员的财产——时间，为什么有的人成了巨人，有的人成了庸人？也许有的人会说："只有绝顶聪明的人能够成功。"其实，智力一般的人只要善于选择目标，也能成就大事业。珍·古德尔有超人的毅力，进到非洲丛林里考察黑猩猩，并成了一个有成就的动物行为学家。另外，人的才能，也可以通过后天的学习、培养、实践来获得。陈景润之所以能在数学上有重大突破，与他中学的数学老师沈元的启发教育有关。大量的案例证明，人的才能是与每个人后天参加社会实践的深度和广度有紧密联系的。

确定一个可行性计划

既然合理地利用时间能有效地提高我们的工作效率，我们就要在自己的日常生活中，制订一个可行的、适宜自己的待办计划表。

待办计划表首先要简单明了，即使你在百忙中随意瞄几眼，也能立刻明白需要做什么事。在待办计划表中，注意以下这些项目，要简单明了。

1. 依赖记忆。

在睡觉之前想想第二天的工作是个很好的办法。在确定所有的工作后，我们就能安稳入睡了。

利用记忆，记住你的工作之后，你的脑子就会想尽一切办法去解决。有时候，当我们的问题存在于脑海中时，睡梦中会突然跳出一个理想的解决办法，也就是人们所说的有所思就有所梦。当我们真正地利用了我们的潜意识来解决问题时，就会发现，它的作用是惊人的、不可思议的。

你热爱生命吗？那么别浪费时间，因为时间是组成生命的材料。当我们有了计划，潜意识就要完成它，而记忆会不断提醒我们去完成这件事情。人脑就像一个处理器，许多工作在脑中能同时处理，一个人一旦记下了一定的事物，人脑就会把它转移到潜意识中，不知不觉地开拓研究如何解决它的办法。

2. 适时检查计划表。

有了计划表，是否严格地执行了，还需要适当地检查。晚上睡觉前，再翻一翻前一天的计划表，看一看你执行的情况和进度，这样，会有助于你下一天工作的安排和完成。

学生都知道，英语中的单词是很难记忆的，那么，需要记忆的英语单词一共有多少呢？如果你制订一个计划表，每天完成 10 个单词的记忆任务，定时检查、督促，保证能完成。那么一年过去，你就能掌握 3650 个单词，两年之后，你所记的单词已足够你日常生活中的对话、写作和运用了。一天记 10 个单词并不难，难的就在于一丝不苟地坚持下去。因此，只有计划表是不行的，还需要适时检查，督促计划表的按时完成。

3. 限制计划数目。

每个人的精力是有限的，运用有限的精力去做无穷无尽的事，是不可能的。因为人在超极限劳动的情况下，很容易发生意想不到的损害。因此，限制一天中的计划数目，并进行科学地调整，使我们处于一个协调的工作环境之中，既能完成工作任务，又不影响身体的健康。

你要为你的一天和一周定出计划，否则你就只有按照碰巧落在你桌上的东西，去分配你的时间，也就是完全由别人的行动来决定你办事的优先次序。

为你的一天定出一个概略的工作计划时间表，尤其要特别重视你要完成的两三项主要工作。其中一项应该是使你更接近你一生目标之一的重要工作。在星期四或是星期五，照着这个办法为下个星期作同样的计划。

请记住：

研究证实了一项常识：用更多的时间为一项工作作事前计划，做这项工作所用的总时间就会减少。

你要每天保持两种工作表，最好在同一张纸上。

在纸的一边（或在你的记事本上面），列出在某几个特定时间里做的事情，如会议和约会。在纸的另一边，列出你"待做"的事项——你把想到要在今天完成的每一件事情，尽量地列出来；然后审视一番，排定优先次序的编号。

表上最有价值的事项可能是标上一号或二号的事项，因此，你还要排出一段特定的时间来办理这两件事。计划在时间允许时，再按优先次序做其他的工作。不要为次要的工作排出特定的时间；你需要拥有足够的弹性时间处理突来的干扰，否则就会因计划不能实现而感到泄气。

"待办计划表"有一个很大的缺点，即我们通常根据事情的紧急性来编定。它包括需要立刻加以注意的事项，其中有些事项重要，有些并不重要。它通常不包括重要却不紧急的事项。诸如你要完成，但没有人催促你的长远计划和重要的事项。

因此，在列出每天"待办计划表"时，你一定要事先花一些时间来审阅你的"待办计划表"，看看你现在所做的事情，是不是真正能使你更接近目标。

在一天结束的时候，你很可能没有做完"待办计划表"上面的事项，但是你不要因此而烦恼。如果你已经按照优先次序做了，就已经完成了重要的事情，而这正是时间管理所要求的。

如果你发现你把一项工作从今天的表上转列到明天的表上，且不只是一两次，它可能是次优先事项，但也可能是你在拖延。这时，你就不要再拖延下去，要承认自己是在打马虎眼，并且想出处理这件事情的办法。

最好的办法是在下班的前几分钟，拟定第二天上午的工作计划表。这是做有效的时间管理计划时最常用的方法。如果推延到第二天上午再列工作计划表，就容易草率；因为那时已经有工作的压力，工作表上所列的，常常只会是紧急事务，而不是重要的事项。

制订特定目标，以及支配时间去做最能达到这些目标的活动，是任何机构求得效率的要诀。

只要你为自己制订下完成每一件事情的期限，并且尽量去遵守它，就能大大提升你的效率。只要加上一点点的压力，大多数的人就会把工作做得更好；而自我定下的期限就能提供你所需要的压力，使你继续将工作完成。只有在你为一项工作制订下一个期限之后，你才会有一个真正的行动计划，否则那只是一个模糊的希望——你想在某一个时间做某件事情而已。

不要总叹息过去，它是不再回来的；要明智地改善现在。要以不忧不惧的坚决意志，投入到扑朔迷离的未来。记着这样的定律："工作会展延到填满所有的时间。"由此可知，派给自己或别人的任务，永远不能没有期限。

有时，把你的期限宣布出来，也有帮助，别人会因此期盼你在某个时间之前把工作做好，这能增加工作的动力。

如果工作很复杂，你可以给自己制订出几个一段一段的期限。如此你就能用稳定的进度来做这件事，而不必在最后时刻拼命地赶工。

尊重你的期限。如果你养成了拖延限期的习惯，期限就会失去功效，不但不能激发你，也不足以刺激你左右的人。

如果你要别人去做一些事情，而他们没有做好，那你就不要问自己："今天的人是怎么一回事？"而要问自己："我是怎么一回事？我做了什么（或没有做到什么），使得这些人给我的只是空口白话？"

原因很可能是你过去对他们的训练，使他们这样做。不论这个人是一名下属、一位同事、一个朋友，还是你的老板，这个人通常都会问他或她自己，你"忘记"这件工作的可能性有多大——根据过去和你相处的经验。如果你已经建立了一套追踪查询的模式，你交给他们做的工作，就一定会得到优先处理的待遇。但如果他们根据过去的经验而认定你可能不会去追踪查询，你所交代的工作就会落到最后，而且很可能会永远留在那里。

为了提醒你自己去追踪查询，以及间接地使人相信你是认真的，可以使用一种表格，记下你交代工作的踪迹和完成的限期。每当你参加一项会议就带着这一张表，这很容易就追查出事项是什么，以及避免发生责任属谁的误解。

你比别人差的不是时间，而是自我管理

当然，把这种表格贴在公告栏上，也很有帮助。在大多数情况之下，别人知道你有这么一张表，并且知道你会以这张表作为追踪查询的根据，就足以推动别人去做你所交代的工作。

依赖记录而不依赖记忆，能大大增加你交代的工作按期完成的机会。

不过你要记着，追踪查询只是整个过程中的一部分。专家强调，在训练过程中最重要的是，当工作做好而不是没有做的时候，你会有什么样的表示。因此，下属在限期之前，把你交代的工作做好的时候，你要提出来，并且感谢他们提早完成。行为学家称之为积极的鼓励，分析心理学家称之为抚慰，其他的人称之为普通的礼貌。不论怎么说，这种做法能够发挥奇妙的作用。

做了许多探究之后，你现在对未来的远景比较清楚了，下个阶段便是把这些策略性的洞察转化为行动，同时确定具体目标，使自己有明确的前进方向。

"短期计划"是一种独特的工具，它是意义和行动之间的桥梁，使热切的理想能扎根于实际世界之中。

现在，让我们用一个比喻，想象下面这个景象：作战时，将领们坐在地图室里拟议战略，好像在玩巨人棋似的挪动大军，他们新创了一些长远的行动方案，并且评估其中的冒险成分。与此同时，战场某处的战士静待在战壕内，考虑要怎么前进到下个山顶，因为那上面有个防守位置良好的机关枪阵地能控制整个村庄。

集腋成裘，聚沙成塔。几秒钟虽然不长，却构成永恒长河中的伟大时代。我们每一个人关注的是战壕内的战士，那些短暂的前进，都是更广阔事业策略的重要部分。我们假定你已经定好了事业的最终目标（什么，你还没有定好？那么，回到上一章再做一遍！），现在你需要足够的理智和准确度，去把最终目的分解成一个个具体的短期计划。喜欢读侦探小说的人，都知道大侦探都是用小心研究加上一点点灵感，来解决神秘的犯罪案件的，开创事业的人同样也需要留意细节。

当然，短期计划必须明确具体。

有些人用很笼统的词句表达目标。譬如"当一名成功的医师"；有的则比较具体，如"要能有效治疗某一种病"。广泛的事业目标很重要，因为它们有整体的观点，可以解放想象力，帮助我们探究所有可能的选择。但是，广泛的事业目标却不能确定自己具体要做的是什么，由于这个，我们需要具体的事业目标。

假如你有了一个广泛的事业目标，然后自问："我如何达成这个目标？"把你所能想出的答案记录下来。现在，它们已够具体了，能提供给你所需要的帮助了吗？假如仍不能，就每一点再问："我如何达成这个目标？"最后你会发觉，眼前出现的是呈金字塔形的目标网，塔尖是广泛的目标，底部则是无数具体的目标，它们直接指向有范围的行动计划。

下面就是个例子。

目标有两种，"输出目标"指的是可以用丈量方式完成的目标；"能力目标"则比较难懂，但重要性一样，这种目标用来回答这个问题："为了成就我的输出目标，我必须擅长于什么？"输出目标和能力目标可谓携手并行，相互支持。

有一位生长在长年下雪的北方的人，从小就要帮助父母扫屋顶上的雪。小学六年级的时候，出现积雪深达三米的暴风雪，连他屋顶的积雪也超过两米。雪的比重，视含水量的多寡而定，多的时候，一立方米的雪就有约两百公斤重，若盖满整个屋顶，重量有十几吨重，会把屋顶压坏。因此，必须动员全家去扫雪。如果是十几吨的铁，即使是大人也无法移动。而雪，分为无数个小部分，小学生也能轻而易举地搬动它。

因此，依据自己的能力来分配，即使能力有限，也能一点一滴地将事做完。在这种地方长大的人，因为都已习惯了这种事，所以很清楚做事的方法，大人要做五次的，小孩就以十次来完成。

这个小学时代的经验，对他日后的学习以及工作都有很大的影响，也就是说，再大的目标也和扫雪一样，可以在自己能力范围内划分，一点一滴地做完。

我们称这种方法为"因数分解法"，不论是大学入学考试，还是会计考试，学习的方法基本上皆可用因数分解法分割、细分化。只要抱着这种想法，就会觉得"一百克可以，那一公斤也应该可以"。这样持续地累积，就会渐渐积少成多。

即使是相当困难的目标，只要细分化，再大的事也能克服。

短期计划会做了，面对那些长期性的工作时又该怎么办呢？

每周定下固定的若干时间专门处理长期性的工作。刚开始进行不要定下太长的时间，否则容易引起自己的挫折感。譬如每周四进行一个合理的个人投资，积少成多，逐渐有成。

事先找出下次工作时的重点。知道下次工作的重点，一直有意识或无意识地想到它；等到下次真正要工作时，一开始即顺水推舟。因此，每次工作完成之前，应该写下下次工作的重点。

养成固定的工作习惯。如果事先规定自己每天或每周，必须从事哪些花费时间多的长期性工作，久而久之，一到规定的时间，你就会主动地空出时间去做它。

定下中间进度的截止时间。由于长期性工作费时费力，人们容易失去工作的动力，因此设定中间进度的截止时间，是更有力的自我激励的方式。

偶尔转变工作的角度。长期以一个角度去完成工作，让人容易觉得毫无成就感而降低对工作的兴致。所以转换角度，让人容易提高对工作的兴致。

　　避免工作陷阱。许多人把长期性工作划分成小单位后，即埋头开始干，而忘了抬头瞧瞧方向是否正确，以至见树不见林。所以随时要告诉自己的一点是：要确定所做的小事情对长期工作而言有所裨益。

　　记录每周工作进度以及所花费的时间。如此，一旦发现工作中的某环节不理想，可根据记录找出原因以改善自己的工作方式。

　　很多人都大叹时间不敷使用，以至无法发挥自己的潜能。如果能依照上述原则建立起自己的时间管理系统，见林又见树的有效形象便能深植于别人心目中。

认识自己，描绘人生蓝图

时间属于有崇高生活目标的人。历史的发展就是这样公正而无情。

你可以为自己希望成就的事业画张图，目的在于让你创造一张"未来远景图"。你的远景图必须是长期的、艰难的、冒险的，而且多少是由直觉所产生。但是，记住，这幅未来的远景图一定要投射在现实的世界中。假如你要这幅远景图有用，它就必须是可以实现的，而且是你自己感到满意的。如此，在未来的岁月中，它才会刺激你、指引你。

一个人的人生观决定他的时间观。对于现代企业管理者来说，研究如何提高工作效率，首先要在宏观上探索自己作为一个个体是怎样生活在时间中。研究时间，必须研究时间与人的关系。许多人，包括青年人、中年人和老年人都知道时间的可贵，但却仍然缺乏内在的力量去把握时间，让时间白白流失。那么把握时间的力量在哪里？它就在你身上，在你的崇高的生活目标里。一个人只要有了崇高的生活目标，明确在什么地方有权使用自己一生的时间，在什么地方无权滥用，才能正确对待时间、把握时间、利用时间，成为运筹时间的人才。

毫无疑问，现代企业管理者需要丰富而具有时代意义的知识。人的精力是有限的，如果朝三暮四，忽而想学这，忽而又想学那，反复多变，就会白白浪费宝贵的时间。所以，我们在把一生的时间当作一个整体运用时，首先要考虑用在哪，就是说首先要选好目标。

普遍认为，能从市场角色"假想"事业的人，必定是一个理智而审慎的人。市场是一个企业以外的经营科学，它审察现有的顾客，将他们分类；并寻找有潜力的顾客，预测他们的希望和需要，同时持之以恒地评估各方竞争实力。市场部是一个公司中的才智部门，也是商业知觉体，他们为自己所在的企业服务，并且使自己所在的企业保持竞争优势。

市场学的历史很短。一份报告中指出，企业的生存依赖于满足顾客的每一项需要。总括而论，市场学主张的是顾客第一。这一点和行销很不同，行销是运用计策，使人购买某种产品的技巧。

以上观念都与从商活动者有关。从商活动者要视自己为"创造顾客"及"满足顾客"的有机体；他们要"仔细研究"顾客的需要，而不是依赖自己的揣测；他们也要避免过分依靠短期的成功。

现在，假想你请了一位市场调查员，而把你自己当作是一个产品。第一步，这位市场调查员要探究你可出售的潜在资产是什么，估量你的长处、短处和弱点，然后区分出有潜力的产品或服务。优秀的市场调查人员，还会大力强调检查你个人努力的动机，因为这是精力和承诺之源，个人的努力正是由此发动。

在前往成功的道路上，需要清晰的目标；但确定目标前，你还要先了解一下目标必须具备的一些要求。

目标要有可信性。再重复一次，目标必须要有可信性。那么目标应当对谁有可信性呢？当然是你自己。别人信不信不重要——你自己不相信，就无法实现。

清楚地界定目标。如果你的目标含混不清，等于没有目标，只是愿望而已。目标必须明确，愈清楚愈好。不要写"我要赚大钱"，而要明确"我要赚××（数额）"，并加上期限。比方"年底前""2006 年"。这样才是明确的目标。

至于如何赚钱？赚到钱后要买什么……统统要写清楚。

需要有强烈达到目标的欲望。不只是想要，而是"热切"的欲望。那么如何让自己拥有热切的欲望呢？

你需要生动地想象目标达成后的情形。能生动地想象目标已达成了一半了，多次练习，它就成为你的囊中之物了。

"未来远景图"是把意义引进事业的基本工具，它统合了各自分离的成因，而且给人一些简单、延展、满意、连贯的目标。套用一位专家的说法，一幅未来远景图使人能"集合意志"，为机会、利益等做准备。

事业蓝图的规划，有一部分可以是幻想，但不应是不符实际的空想。它有四个基本要素：

第一，明确的假定。虽然你在有的时候无法证明你所做的什么是好、什么是坏、什么有效、什么无效、什么值得、什么不值得的假定，但是你必须做决定，并且有一个明确的假定，这就是你的目标，并且要把它表达出来。

影响你事业的内、外假定，都要表达出来，而且要测验它们有无合理的连贯性和实际性。有位英国牧师理查，在接待一位访问者时，做了如下的评断。

访问者：你原是制图员，后来决定改换工作吗？

理查：是的，但过程并不容易。在绘图室中，我觉得自己是个没有实际目标的人，既浪费了时间，又对世人毫无贡献。后来我开始从光明与黑暗争斗的观点看一切事物，我渐渐相信自己有才能，便开始对人谈起我对事物的看法。我希望表达自己的想法，并想想自己相不相信自己所说的话。

访问者：所以你和许多人做了许多的交谈。

理查：对，其中许多谈话都有重要意义。有一次，我在酒店和我的医生交谈，他问我，"你能不能用五个简单句子，说明你认为重要的事物？"我告诉他了，而且他一一诘问，那次交谈结束后，我便知道自己已进了一大步了。

有效的"未来远景图"比较像建筑师的模型，而不是二维空间的图画；它们要从粗略的画图改进为三维空间的模型，这也就是要证明，所有实际问题至少都在模型中解决了。有效的"未来远景图"，要经过详细思考。听力障碍教育者戴娜的回答足以证明这一点。

有人问她："你原是公务员，后来决定改变，你怎么会有这个想法呢？"

戴娜说："以前我每天早晨要七点多挤公车去上班，我知道我想要些不同的东西，而且对有关儿童的工作很有兴趣。通过一项义务工作，我认识了富兰克博士，一个了不起的人。他利用等于是第六感的东西与听力有障碍的人沟通，他已经学会扩展听力有障碍的人的其他知觉，使他们更方便地与人沟通。我希望成为他诊所里的学生，同时，我也认真考虑了住哪儿、我能赚多少钱、失去社会地位会有什么感受、不安定对我有什么感觉、这是我的目标吗，等问题。"

提问者说："你考虑这些实际问题之后，有什么行动呢？"

戴娜说："我写了一篇像在学校时写的论文，题目叫《重新开始》。这是我依照可能的设计，对假如加入富兰克诊所后的生活描绘。两周后我又读了一遍这篇论文，然后连同信函呈交给我就职的单位。这篇论文告诉了我，自己想要的是什么，以及它是否切实可行。"

有用的"未来远景图"，一定要完全清晰可辨，这是确保不会成为纸上谈兵的先决条件。不详尽的远景图只是一种大冒险，因为它给人虚幻的指引，而没有可做睿智决定的必要深度。所以，凡想依靠虚幻梦想，而不将思考付诸理性分析的人，是拿未来在作大冒险。

第二，令人振奋的图像。有用的"未来远景图"是乐观而有激励作用的，因此，对前途抱忧郁悲观看法，无疑是一种局限。像一位护士就如此说："我很怕瞻望未来，我的一生已在14岁时由别人为我做决定了。我出生在医学世家，所以我很自然就走上护理之途。这个工作很紧张，我很想展翅高飞，很想暂时停止做这工作。但这是不可能的，我负有道义责任和经济压力，这就是我生活的方式，真该诅咒！"

含有希望和进步的"未来远景图"，给就业者的好处最大，它提供途径让人表达充满积极力量的情感。

杰瑞，一个有钱的企业家，便深知它的价值。

有人问："你是如何决定投入一个新的冒险呢？"

杰瑞说："一部分是勇气问题。我先看清楚吸引我的是什么，然后沉思，看我对这些有什么感觉，我希望能迸发激奋的心情。我们其实比自己所想象的还聪明，如果事情是不错的，我可以感觉得出来。"

提问者问："大部分是'感觉'问题吗？"

杰瑞说："起初是的，但之后我会把这些观念交给自己的'指挥测验'，彻头彻尾地品评，从各个角度推敲，我绝不潦草地做这个测验。假如观念抵挡得了这枯燥严酷的考验，到那时候——只有到那时——我才会认真想它。"

提问者说："所以这是心与智的结合。"

杰瑞说："正是，但其中还有一个成分，我称它为'吸引力'。例如，我可能相信某事，但仍对它没有兴趣。必须我对那件事有兴趣，而且被拉去投入，这才是走对了路。"

第三，切合实际的长期目标。有效的"未来远景图"，绝对不能全然不可思议。譬如杰克可以成为一个作家、政治家或大学教授，但绝不会成为一个拍洗发精广告的模特儿（因为头发太少）、运动员（肌肉也少）或调酒师（嗅觉太差）。

此外在逻辑上产生了矛盾："未来远景图"是可能发生的，但理论上，未来是极难预料的，什么事都可能出现，又怎能测验"未来远景图"的正确与否呢？固然天底下事事可能，但人类的经验却告诉我们，有的事是奇迹，而非人力可以达到的目标。聪明的就业者不会把他的未来，放在假设奇迹出现的基础上。

第四，坚定的原则。事业的"未来远景图"不可避免地与信念、价值观有关，假如你不知道什么事值得做，你怎能辨别该往哪里走呢？

事业的"未来远景图"可以说是一份丰富的个人报告书，它捕捉了你希望此生实现的事，决非好高骛远。但它需要一个理智的、日有进步的计划基础。

凡事预则立

一个不懂得如何去经营时间的商人，就会面临被淘汰出局的危险。而如果你管住了时间，那么就意味着你管住了效率，管住了自己的未来。

时间管理专家认为，每次花少许时间去预先计划，收效将会十分显著。事先花十分钟筹划，事中，就不必花一个钟头去记起该做些什么事。

《生活安排五日通》一书里说："不要把所有活动都记在脑袋里，应把要做的事写下来，让脑子做更有创意的事情。"

相信笔记，不相信记忆。养成"凡事预则立"的习惯。

为时间做预算、做规划，是自我管理的重要战略，是时间运筹的第一步。目标是管理时间的先导和根据。你要以明确的目标为轴心，对自己的一生做出规划并排出完成目标的期限。

只有做好充分的准备，才是快速完成工作的保障。

如果你要想成为一个企业管理的行家，你得大致计划一下，突破一门课程需花多长时间。什么时候进入管理实践，向内行学习。你若以搞发明创造为目标，就得在学习科学理论、向他人求教、动手制作、实验等几个领域分配好时间和精力。

立计划，也包括对"预算"的检查督促。你要经常检查某一短期目标是否如期完成，可以记工作日志，或将完成每件事花费的时间记录下来。

有的人，工作起来似乎一天到晚都很忙，并且常常加班，为何非得加班不可呢？多半是由于工作管理拙劣所致，避免加班的关键在于行程表的拟定。总的来说，拟定周期行程表是件非常重要的事。

我们可以尝试拟定行程表，让自己的工作行程、同事的活动、上司的预定计划、公司的整体动向等事情一目了然。

由于自己的工作并非完全孤立，所以必须将它定性在所属部门的课题、公司整体的课题乃至各界的动向上，方才能够加以掌握管理。

只要尝试拟定行程表，原本凌乱不堪的各种预定计划，就会显得条理井然起来。

人们之所以工作忙得不可开交，追究其原因是总在工作即将截止之前，赶紧手忙脚乱地加班熬夜。这种做法，经常导致工作水平下降。

如果能够拟定行程表，设定进修时间、休闲时间、与家人沟通的时间，自己和家人都将因此取得默契、步调一致。此外，通过与家人的沟通了解，自己不但得以减轻日常生活的紧张压力，而且能够涌现新的活力。

让我们来看一看比尔·盖茨的一个具体的周末假日行程表。

比尔·盖茨对周五很看重，每周五晚间从不痛饮迟归，从不影响周六的时间安排。

比尔·盖茨的周末假日是从周五晚间到周一早上为止。有将近三天的假期可运用，并将它当作一个整体时段来加以掌握。

首先，周六和周日，基本上都是早起。有时比平日晚起一两小时也没关系。尽可能和家人一起共用早餐。其次，要将周六、周日的上午定为主要进修时间，不足的部分排入晚间。周日晚间不排计划只管就寝，周一早上提早起床。周末假日他将工作暂且付诸脑后，好好地调剂身心，为下一周的工作养精蓄锐。

当然，在生活中，我们也有过这种讨厌的经验——我们计划好了，也准备好按着计划来一步一步地办事，可是半途却节外生枝，把我们的预算弄得一团糟。试过一次，又一次，最后我们放弃了："算了，走一步看一步罢了！"可是这种态度，害人真不浅呀！"走一步看一步"拖垮了多少个计划，毁灭了多少理想，令多少人在下班回家的时候，无精打采，精疲力尽——因为他们根本不知道时间跑到哪里去了，今天他们成就了什么事。

　　俗话说："一寸光阴一寸金"。做一个善于管理时间的人，不仅你的事业充满了发展的机遇，而且，你的人生也会充满快乐。

第 3 章

勤于动脑 埋头苦干前的头脑风暴

　　清楚地洞察一件事情的要点在哪里，哪些是不必要的多余工作，然后用合理的方式把它们简单化。这样不知要节省多少时间和精力，从而还能大大提高我们的效率。

好好工作，不如会好好工作

在坐火车和坐飞机时，超重的行李会让你多花很多钱。在生活的旅途上，过多的行李让你付出的代价甚至还不仅仅是金钱。你可能不会像没有负担那样迅速地实现你的目标；更糟的是，你可能永远都不会实现你的目标。这不仅会剥夺你的满足和快乐，而且最终它还会让你发疯。

纵观人类发展史，效率通常就是从简化开始的。赵武灵王提倡"胡服骑射"，结束了"战车时代"，靠简化，在军事上作出了卓越贡献。秦始皇统一文字、统一货币、统一度量衡，靠简化推进了社会的进步。在当今科学技术、社会发展日新月异的时代，用简化的方法提高效率，加速自我致富的步伐，仍然具有重要意义。

"懒惰"也在推动时代进步

有很多人是这样的：如果有人问他们，他们的脸为什么总是看起来肉肉的，他们可能会因此而难过上一个星期。可是奇怪的是，不论他们喜不喜欢听，他们总是喜欢问问别人，对他们的外貌、穿着、谈吐，或是工作表现，有没有什么意见或是建议。

在生活中，有很多人会过分在乎别人对自己的看法。这样过于依赖他人的看法，以此作为自己言行、做人、衣着的唯一参考，这种人可以说是非常没有主见的人。

当被别人称赞的时候，我们可能就会因此而高兴、满足，而别人对我们有意见的时候，我们就会感到懊恼、沮丧。更麻烦的是，如果不同的人对某人的举措或是衣着等，持有完全两极化的看法时，那么失去主见的人很容易会因为自己拿不定主意，而感到烦闷与焦虑。

有些人之所以会如此地在乎别人的看法，多半是因为希望借着顺从他人的意见，来让他人产生好感。

其实，别人所给的建议，多半仅是根据他们的喜好所作出的主观认知，这也许与自身的认知与喜好完全南辕北辙。而且有些人根本只是想满足他们的支配欲而已。一种米养百种人，尤其当许多人同时给予过多不同意见时，很容易让我们因为无所适从，而感受到莫大的压力。

还有这样的人：在一场研讨会上，他早就想发问了，可是他却会一直等到有人提问之后，他才会开始发问。他总是习惯于先观察别人是怎么做的，然后才会决定自己该怎么做，也就是总喜欢当跟屁虫。

人是群居动物，大多数的人都是追随者，只有少数的人，才是领导者。他们披荆斩棘，带领着芸芸众生，迈向不可预知的未来。也因为如此，我们大多数的人，会习惯遵循前人所设定的各种标准与规范，以确保自己跟别人一样的正常。所以，当一群人看电视爆笑时，只要大多数的人开怀大笑，我们多半也会跟着笑起来，即使我们并不觉得很好笑。

为了与大多数的人相同，我们有些需求与欲望，有时候就必须跟着妥协；而对于一些事物的观感，多半也只是遵循主流的观点，不容易拥有自己的主观看法与想法，只因为害怕自己会被大多数的人所排挤。至于一些较有主见的人，他们就不会随波逐流，因为他们知道自己真正要的是什么，而且非常自信，所以，他们不在乎别人以异样的眼光来看待他们。

请告诉自己：人要活得更好，就要在群体的活动中，试着做那种第一个站起来发言的人。假如害怕让你无法前进，那就转化心情告诉自己："这是我最后一次发言了。"不论是在课堂上，还是在研讨会中，都要试着率先举手发言；就算在餐厅里，也要试着当第一位点菜的人；就算是喜欢吃的东西与别人很不相同，而遭到他人投以狐疑的眼光时，也要坚持。因为在一两个月之后，有谁还记得你那一餐曾经点了什么东西？

许多人在第一次听到录音带中自己的声音时，都会觉得不太自在，那是因为他们都会长期地刻意忽略自己声音的存在。请别再忽视自己的存在吧！录下日常生活中的对话，然后反复地去倾听它。久而久之就能知道：原来在日常的对话中，自己可能使用了过多的赘字，也可能常常言不及义等。然后，慢慢再来改进自己的说话技巧，这时，你会深切地感受自己的存在了。

同时，我们还要寻求精神上的寄托。无论是读书、绘画、登山、园艺、钓鱼，还是骑单车等，挑选一些能令人心旷神怡的活动来进行，在活动的进行中清楚地了解到，自己到底要的是什么。

有句名言："不要怯于现场，人生本来就是一个大的实验场。"请仔细回想一下，联考前紧张的心情、第一次约会前忐忑不安的感觉、第一次面试时汗流浃背的窘境。结果呢，时间照走，生活照过，没有人因为"紧张"而丧失什么。而当所有的过去，都会形成回忆的时候，浮现在脑海中的景象，还是紧张与焦虑吗？不会的，留在记忆里的主要是甜美的果实。

有一些伟大的人之所以伟大，正是因为他们敢于与众不同。因为他们知道，模仿别人永远不会创造奇迹。

所谓"学习"，就是从模仿别人开始的。的确，模仿别人很容易，学得也快，成功也比较快。但是，模仿别人看起来虽然比较容易成功，终究也只是一时兴起的事而已。同时，模仿别人，也不可能有大的发展。凡事都模仿别人，人生是没有什么意义可言的。

如果想在人生的道路上取得成功，最好还是要开发自己的个性。但是，要开发自己个性实在是很难的事情，因为阻力很大，还需要很长的时间才行。但是，如果能突破许多的阻力或穿越过许多的障碍，人生就会有很大的进展。

很多人都忘记发挥自己独特的个性，经常把自己委身于常识的社会里，也就无法充分发挥自己的可能性，以至于过着卑微的生活。你是否希望成为一个成功的人呢？如果是，你必须要成为"自己本身"。

而追求个性的实现，这是人的天性。

在工作中有不少这样的人，如果有人很明确地指派他们做这个做那个，他通常很有效率地把它做好；但是，如果让他们自己放手去做，他们却常常会感到不知所措，结果通常也不尽如人意。

其实，这种跟着别人步伐起舞的习惯，多半是因为本身缺乏自信与创意所致，因此，认为唯有跟随着别人的步伐来完成一件事情，才会让自己觉得比较踏实，比较笃定。

被指派的本身，能减少事情处理时的不确定性，而相较之下，让你自由发挥的结果，通常意味着事情变得很混乱。因此，选择以被指派的方式来处理事情，一方面能让事情看起来较容易处理一些，另一方面，就算失败了，或是有了一些闪失，也会觉得反正还有人会替我扛起一些责任。我们认为成者有分，就算做坏了，自己只不过是执行者而已，大部分的责任都是来自上面的决策错误或是督导不周所致。

这样的人是不能承担大任的。

缺乏主见的人，通常是因为他们没有明确的目标，需要他人来指引差遣。可能他们根本就不知道真正的目标为何，因此，只有跟随他人的步伐，才能勉强找到真正的方向。所以，要花一点时间，冷静地思考一下，目前最重要的目标有哪些，又有哪一些应该优先处理？为什么这些目标这么重要？而达成这些目标，对自己又有哪些实质性的好处？唯有确认这些目标对自己存有相当程度的价值之后，在努力的过程之中，才会有意义，也才会有明确的方向感与使命感。

四体要勤，头脑更要勤

成功从根本上讲，是"想"出来的。只有敢想、会想，善于思考，才会是成功者的候选人。青年人，要善于思考，把别人难以办成的事办成，把自己本来办不成的事办成。当别人失败时，如果能从他人的失败中得出正确的想法，并付诸行动，你就能成功。当你自己失败了，如果你能够转换想法，再付诸行动，同样能获得成功。

如果你想要少做一些工作但仍能得到想要的东西，那么你就一定要比普通人思考得更多。当然，如果你的思考本来就是错误的，那再多的思考也是无益。

平庸的人通常不是懒得动手脚，而是不爱动脑筋，这种习惯制约了他们的发展。相反，那些成大事者无一不具有善于思考的特点，他们善于发现问题，解决问题，不让问题成为人生的难题。而任何一个有意义的构想和计划都是出自于思考。一个不善于思考的人，会遇到许多举棋不定的事情；相反，正确的思考者却能运筹帷幄，做出正确的决定。

1999 年，比尔·盖茨在接受中央电视台专访时，谈到他作为微软公司的总裁，再也没有编写软件的时间了。但是无论多么忙，他每周总会抽两天时间，到一个宁静的地方待一待。为什么呢？他说，面对繁重的工作和激烈竞争的IT市场，他作为管理者，不能把精力浪费在烦琐的小事上，他必须在专门的时间去思考，以作出具有战略意义的决策。

你比别人差的不是时间，而是自我管理

我国近代史上的名臣曾国藩也有这样的习惯。无论战事多么紧张，或政务多么复杂，他每天都会挤出一个时辰在一间静室里静坐，有时是为了平静自己的情绪和心态，有时是为了理清自己的思路。

从上面的两个例子，可以看出，成大事者不善于思考是不行的。只有专注地思考才能集聚自身的力量、勇气、智慧等去攻克某一方面的难题，才能取得良好的效果。

所有计划、目标和成就，都是思考的产物。你的思考能力，是你唯一能完全控制的东西。你能用智慧，或是愚蠢的方式运用你的思想，但无论如何运用它，它都会显现出一定的力量。没有正确的思考，你不可能克服坏习惯，也防止不了挫败。

一个人要想做出一番特别的大事，必须善于思考，多向自己提问。青年人要成就大事，首先得先思考你的事业、思考你自己，向自己提问题；只有养成了这样的习惯，在事业的开创过程中，不断地思考自己，思考自己所做过的、正在做的和将要做的事情；不断地向自己提出问题，看一看哪些是需要弥补的不足之处，哪些是要改正的错误之处，哪些是该向人请教的……只有这样，才会不断提高并走向成功。

向你自己或别人提出迷惑不解的问题，能使你获得丰厚的报酬。这种方式曾经影响了世界最伟大的科学发现之一。

我们都知道这样一个故事：从前一个年轻的英国人在他家的农场里度假，他仰卧在一棵苹果树下思考问题时，一只苹果掉到了他的头上。

"苹果为什么会朝下落呢？"他问自己。这个年轻人就是牛顿。从此他对这个问题进行了不懈的研究，终于发现了万有引力定律。

任何刚开始创业的青年人，都要养成的最有价值的习惯就是在下决心之前，一定要对自己多发问，注意整理自己的思路。这能让人有一次机会，来合理地整理自己的思绪，或回想自己为什么或怎样会有这种决定。这个过程虽然看起来简单，但却会在处理问题的过程中收到实效。

积极思考是成功者非常强调的一种智慧力量。如果做一件事不经过思考，那肯定是鲁莽的，也是会栽跟头的，除非你特别幸运。但幸运并非总是光顾你，所以，最稳妥的办法是三思而后行。

人们都说管理者要身先士卒，于是，很多管理者都在被一个美德所束缚着，那就是努力工作。

告诉你一个既能多一些时间享受生活，又能获得最佳业绩的好方法，那就是聪明地工作，而不是努力地工作。聪明地工作意味着你要学会动脑，如果你一味地忙碌，以至于没有时间来思考少花时间和精力的方法，只是过于为生计奔忙，那是什么钱也赚不到的。

自古房子出售，都是先盖好房，再出售。对此，霍英东反复问自己："先出售，后建筑不行吗？"正是由于霍英东这一顿悟，使他摆脱了束缚，迈出了由一介平民变为亿万富豪的传奇般的创业之路。在香港居民的眼中，他是个"奇特的发迹者"："白手起家，短期发迹""无端发达""轻而易举""一举成功"等等，这些议论将霍英东的发迹蒙上了一层神秘的色彩。霍英东的发迹真的神秘吗？不，他主要是运用了"先出售、后建筑"的高招，而这一高招来自于他的思考。

在工作中，勤奋必不可少，这是一种优秀的品质；但要想获得成功，最大化地体现你的人生价值，就要多思考。无论看到什么，都要多问为什么，把思考变成自己的习惯。

一根小小的柱子、一截细细的链子，拴得住一头千斤重的大象，这不荒谬吗？可这荒谬的场景在印度和泰国随处可见。那些驯象人，在大象还是小象的时候，就用一条铁链将它绑在水泥柱或钢柱上，无论小象怎么挣扎都无法挣脱。小象渐渐地习惯了不挣扎，直到长成了大象，并能轻而易举地挣脱链子时，也不挣扎了。

小象是被链子绑住的，而大象则是被习惯绑住的。

所以，习惯常常是影响我们做事情的一个不被注意的关键。而养成正确的思考习惯，是走向成功的第一步。

辛苦工作与轻松创造是不相匹配的。和那些鼓吹辛苦工作的人不同，懒惰的成功者知道与长时间的辛苦工作相比，重要的、具有想象力的付出能产生令人印象深刻得多的经济效益和个人满足感。选择成为一个懒惰的成功者，你就能成为一个顶尖人物。你不必为了赚到丰厚的收入而工作，但你要聪明地工作。

学会创造性地解决问题

想象力是灵魂的创造力，是每个人自己的财富，是我们在这个世界上唯一能够自己绝对控制的东西。你的物质成就也将从你在想象中，创造的组合计划中成长。首先出现的是思想，然后再把这个思想和观念与计划组织起来。最后，就是把这些计划变成事实。你将会注意到，一切是从你的想象开始。想象能创造奇迹。

如果你能正确使用你的想象力，它将协助你把你的失败与错误改变成价值非凡的资产，也将引导你去发现一个只有使用想象力的人，才能知道的真理，那就是，生活中的最大逆境和不幸，通常反而会带来美好的机会。

美国最好的一位雕刻师，以前是位邮差。有一天，他搭上一辆电车，不幸发生车祸，使他的一条腿因此被切掉。电车公司付给他 5000 美元，赔偿他的损失。他拿了这笔钱上学，终于成为一名雕刻师。他双手制成的产品，加上他的想象力，比他利用他的双脚当一名邮差所能赚到的钱更多。由于电车发生车祸，他必须改变他的努力目标，结果他发现了自己原来也具有想象力。

如果我们正想象自己以某种方式行事，几乎也就是实际上在这么干。想象给我们提供的实践能帮助这种行为臻于完美。

美国一期刊曾报道过一项实验，证明想象练习对改进投篮技巧的效果。第一组学生在 20 天内，每天练习实际投放，把第一天和最后一天的成绩记录下来。第二组学生也记录下第一天和最后一天的成绩，但在此期间不做任何练习。

第三组学生记录下第一天的成绩，然后每天花 20 分钟做想象中的投篮。如果投篮不中，他们便在想象中，做出相应的纠正。

实验结果是：第一组每天实际练习 20 分钟，进球率增加了 24％。第二组因为没有练习，也就毫无进步。第三组每天想象练习投篮 20 分钟，进球率增加 26％。

所谓天才，就是指想象力丰富的人。不论是天才还是普通人，他们同样都有着想象力和以现实的道理思考问题的能力。天才乐于运用空想力，在他思考事物时，先求之于空想。他们在遥远的空想彼岸天马行空，然后再返回现实中来，所以，他们的思想飞跃度极高。要想成为具有创造性思维的思想活跃者，就必须学习这种运用空想的天才的思考法。

创造性想象不是对现成形象的描述，而是根据一定的目的和任务，对已有的表象进行选择、加工和改组，从而产生新形象的过程。领导者在行动之前，在头脑中先已构成了行动结果的"蓝图"；在改革之前，已在头脑中构成将要创造的新事物的形象，这些都是创造性的想象。创造性想象的特征在于新颖、新奇、独创。瑞士发明家乔治·德·梅特拉尔带狗去打猎，身上粘了许多刺果，回到家里用显微镜观察，发现有千百个小钩子钩住了毛呢的绒面和狗毛。他忽然想到，如果用刺果做扣子，一定举世无双。后来，经过构思、想象、实验，他终于发明了风靡世界的不生锈、重量轻、很方便的尼龙扣。

丰富的想象力，对于创新思维具有极大的开发作用。想象丰富，对研究的问题能从不同方面、不同角度、不同层次展开想象；思路灵活，"思接千载""视通万里"；打破时间与空间的限制，展翅高飞，开阔视野，看到前所未见的新天地。相反，想象贫乏，其创造性发挥水平的思维广度小，思路不活，则很难冲破旧观念的藩篱，只能在非常有限的范围内兜圈子。

　　为了培养丰富的想象力，要不断积累知识和经验，善于在头脑中形成和保持丰富多彩的记忆表象。一般说来，知识越渊博，经验越丰富，记忆表象就越充分，想象力驰骋面就越广阔，越活跃。当然，强烈的好奇心与求知欲，乐观饱满的情绪，也是想象力的必要条件。

生活中的简化方法

在生活中，会遇到各种各样的事情和工作，当我们身在其中的时候，是否曾仔细想一想，如何简化这些工作？怎么样才能利用合理的安排提高办事效率呢？

大家都知道，开会多的单位通常工作效率并不高，许多单位开会时间冗长得令人不敢恭维的情形，是有目共睹的。这样也不是，那样也不是，有的尽些是与问题毫不相干的废话，讨论了半天也没个结果出来，气煞人也。由于与会人员在开会的那一段时间内都被会议束缚，什么事也不能做，所以如果以时间成本来考虑，实在是相当可惜的。总是开这种冗长会议，就等于是无止境地浪费时间，其结果一定会造成公司金库的日益虚空。

通常这种无效率的会议，都是因为没有明确开会时限的缘故，也因此一定会有迟到或中途才进来的与会人员。由于不明确会议要开到什么时候，所以大家便毫无压力地散漫讨论着。而且，会议主题不明确，只有题目没有讨论的方案，以至抓不住问题的核心，讨论不出有效的结果来。

这里要提出来的是开会前的准备工作。例如，开会前要简单地列出问题，并且针对每项问题分别做出至少三项的解决方法，以最精简的方式做出一份报告，于开会时分发给每一位与会人员。这样的会议一定能有效率地进行。

换句话说，提案者提出一些问题，而且针对问题拟定了若干方案，例如"由于个人能力有限，所以想请教各位与会者，希望共同讨论、决定出一个可行的方法来。"以这样一个谈话方式进行开会讨论,大概都能在一个小时内结束,节省下来的两三个小时,可以用到更重要的工作上去。所以,就公司整体而言,时间成本是大幅节省了。也就是说,会议一开始,所有的与会人员便能立即切入问题的核心讨论。当然,这必须是在提案者本身已确实把握住问题点,并且做出具体的方案的大前提下,才能如此顺利进行。

一些重要的事项经常站在走廊上三言两语就解决了。这些重要事项,如果是在单位,大概得上至上司、关系人,下至该事项的负责人,上上下下集合好几个开会,而在开会时却又尽是负责人与上司之间的对话,造成全员时间上的浪费。但是,在现代追求高效率的单位则会是另一种景象。

好比说,今天某企业档案的经费不敷使用,而负责人碰巧在走廊上遇见了握有处理该事项权限的上司,他便当场提出:"本企业档案的经费不敷使用,恐怕得再增多数目不可……"而这位上司也同样简单明了地说:"好,那么追加经费!"或是"不行哦,现在没办法追加经费了。你就在当初的预算范围内考虑解决的方案吧!"

是或否,一下子就有了答案,其处理事情之明快,确实令人大开眼界。

其实会议不见得一定得许多人坐下来讨论不可。与上司在走廊上简单地做出结论,不也是一种会议形态吗?有时候何不尝试这种站立的即席开会。它之所以迅速,是因为双方都是临时站定,所以一定会产生赶快解决问题的心理,也因此能更集中精神讨论出结果来。这种会议形态,在重视总体意见的企业界,恐怕不太容易被采用,不过近年来逐渐有被接受的倾向。有人认为,即席站立式的开会,能使头脑的运转更灵活、柔软。在提高效率的前提下,是很值得采用的。

除了会议,还有以下几个值得注意的地方:

第一,打电话的学问。

　　一般的事务所里电话相当多。好的一面是，它代表了业务繁盛，坏的一面是，常常要为客户电话打不进来而伤脑筋。虽然，只要秘书一句"抱歉，负责人正在讲电话"就能处理了，但万一对方有要事联络时，就伤脑筋了。而且，如果对方是重要客户，也得赶快挂掉手边的电话，拨过去问个明白。

　　如果对方是在公司或家里打电话，那还无所谓，立即拨过去即可。万一是在公共电话亭打电话，一错过，可就无法补救了。"到底什么事呢？会不会有什么急事啊？"恐怕一整天就要为那一通错过的电话，心神不宁，而工作也大受影响。

　　当然，有过几次这种经验以后，有的人便开始以不错过任何电话为原则，并交代秘书，如果他讲电话的时候又有电话找他，务必请对方稍候，再以暗号通知他，并且等他的回复。他们之间的暗号是这样的：当秘书递给他传言便条的时候，如果他在便条上写"W"（英文等待的略写）的话，就是"请他等一下，我马上好"的意思；如果是"T（英文电话的略写）7"，就是"7分钟以后我会回他电话"；而"A（英文再次的略写）5"，则代表"请他 5 分钟以后再打过来"。当然，一些推销类的电话，直接由秘书处理掉就可以了，不需要他接听。

　　有时候与一些喜欢聊天的客户通电话，讲完了正事以后就是无关紧要的话家常，而如果此时别的客户有要事联络，因为秘书的一句"讲话中"，就把电话回绝了，那么这可真是"因小失大"了。如果采用上述打暗号的方法，这些困扰就能完全避免了，不必担心错过任何电话，也能安心地与客户话家常，搞好人际关系。

　　打电话的时候，最不愿意在电话接通以后，只听到对方一声"喂"，公司的名称连报都不报一下。就算是直拨的电话，也要说"某公司经理部"或是"某公司公关部"，等等，让对方确定自己没有打错电话；如果打错了，也趁早发觉，避免时间的浪费。

同样的道理，负责传达的人如果只说"张先生打来的电话"，一样是效率不彰。联络簿上姓"王"的人不下五十名，只是"王先生"谁知道是哪一位？所以，不要忽略添上公司名称，例如"某某公司的王先生"不是一清二楚，方便多了吗？

像这样的电话应对，要在新员工的训练课程中详细提醒才是。总之，在单位里要把各种对象的电话应对方法编印成册，让新员工一开始就知道如何应对，而不必等到出了问题才一一解决、教导。这本电话应对手册中有应付各种电话的方法，以最令人头痛的推销电话为例，当对方一开始："恭喜您在十万人中幸运中选，我们很高兴为您推荐一项优秀的产品……"在确定这是浪费别人宝贵时间的推销电话以后，你便可以单刀直入地说："总而言之，就是推销！"不论是多么伶牙俐齿的推销员在这时候都只能回答："是的是的。"然后，你便可以立即补上："不用了，谢谢。"立刻把电话挂断，避免浪费时间。

另外，这样的手册中，对于对方打错电话的情形也要有详细的应对说明。许多人在知道是打错的电话以后，都会不高兴地说上一声："你打错了。"就"嘭"地挂掉电话。但是这样的应对方法，让对方很有可能再打过来。所以对于这种错误的电话，务必问清楚："请问你打几号？"如果对方回答的号码不对，要告诉他我们这里是几号。如果对方回答的号码，确实与自己的电话号码相同，就要清楚地告知，这里的确是几号没有错，但我们这里是什么地方。以防止对方不明就里地重蹈覆辙。其实这些都只是稍稍费心的小方法而已，但这些小技巧却能减少被电话占用的时间。

第二，调整工作环境提高工作效率。

照明设备会直接影响工作效率。脑筋再清晰，如果眼睛疲劳，效率也会减半，所以，从某种意义上来说，对于工作场所的照明设备，我们要不吝啬。

你比别人差的不是时间，而是自我管理

出差投宿旅馆，你可以自行携带可伸缩的折叠式台灯来改善照明。有了自备台灯，即使是在旅馆的陌生房间内，也能和在自家的书房或办公室一样地集中精神做事。

　　其实不只是照明设备，目光所及的各种东西，都会直接或间接地影响到工作效率。就像前面提过的，为了替自己打气，有人制作了工作进度表，而在标明进度时，一定都以朱红表示。

　　虽然不是斗牛，但不可否认的是见到红色，战斗力便油然而生。所以，画进度表也罢，读书时圈划重点或段落也罢，一般都应当采用能感受到活力的红色或橘红色。

　　工作地点的墙壁却不宜漆太刺激的颜色，当然，太晦暗也是不好的；最好是具有安定情绪的色调为适宜。有些人认为，适合精神劳动的环境应以淡青色或淡蓝色的冷色系为佳。而白的墙壁很容易让人联想到医院，所以，很多人偏好柔软又具亲和力的肤色系统，似乎它最能让人感受到安定的感觉。

　　当然我们并不是色彩学专家，无法做详细的说明，但墙壁的颜色确实会影响一个人的情绪。每天面对脏而旧的墙壁，日子一久，人都会变得疲弱无趣。所以，除了色调本身以外，干净与否也是很重要的。

　　假设由于藏书太多，书橱好几个，让你的书房几乎看不见墙壁，因此，精心安排的肤色墙壁就发挥不了作用了。不过，柔和的肤色窗帘一样具有安定心情的效果。总之，为了提升工作效率，注意工作环境的安排是绝对有必要的。

　　讲到工作与场所的关系时，必须考虑到配合的问题，因为工作内容的变更，场所也需要变动。比方说必须参照许多参考书籍的工作，就非得在参考书籍随手可得的地方不可。如果缺乏所需要的书本，不管你花多少时间，效率也是不高的。这个道理人人都懂，但是许多人却放着显而易懂的道理不顾，尽是无效率地工作。

不少作家喜欢将自己关在饭店或旅馆内写作，另外一些也经常选择在饭店里工作。不同的是，前者是故意将自己关到旅馆中，而后者则是因为出差，不得不如此。但是，在旅馆内做事确实有它的好处，平时在办公室里，一会儿部属、一会儿秘书、一会儿又是客户的电话，工作常常会被打断。在家里，几时吃饭、几时洗澡、几时上床，有它一定的生活步调。就算自己全然无视，也多少会受同一屋檐下其他人的影响，容易分心。所以，如果把必要的资料带齐了到旅馆内工作，由于不受干扰，工作便能做得多而且快。

尽管旅馆内的工作效率高，但并非所有的工作都能在旅馆内圆满进行，毕竟我们不能把单位或书房里的各种参考书及资料，全数搬进旅馆。你可别只想到在旅馆内不受干扰，工作效率高，便以为什么工作都能带到旅馆去做。

反过来，如果必须投宿旅馆，一定要事先考虑能做哪些工作，需要带哪些资料。从一般经验来说，一旦知道出差时要投宿旅馆，一定事先备妥能当场使用的工作资料。有了基本的资料、必备的参考书，才能达到满意的工作效率。

第三，上下班的公共汽车上，也是工作场所。

有些人在朝九晚五的上班生活中，大部分的通车时间都用来学习外文。早上时间一到，定时器就会启动收音机，把他叫醒。每天早上，孩子就是在英语的广播教学声中起床，然后带着随身听出门。有关活用通勤时间的方法已在前面说明过，在此省略。

第4章

合理分配 条理清晰，办事才快

现代人时常会在这样的事情上面临抉择：当一件重要的事情等待着你去做的时候，突然出现了另一件紧急的事情需要你去处理，这时你应该怎么办？你会因为事情的紧急而暂且放下重要的事情，还是因为重要的事情关乎着什么而暂时不管紧急的事情？别忙着做决定，先来看看下面的方法吧。

要先做必须做的

确定工作优先次序有两个途径：根据紧急性或根据重要性。

要把主要精力放在能获得最大回报的事情上，而别将时间花费在对成功无益或很少益处的事情上。

你要问自己哪些工作是真正重要的，就不会偏离首要工作而去做次要工作。生活是复杂的，每个人都有喜怒哀乐，都有亲朋友好友，都忍受着无穷的琐事干扰，完全回避这些是不现实的；但是，对于一个想干事业的人来说，必须分清事情的主次：哪些是需要做的，哪些是不需要做的，哪些事关照一下就行，哪些事干脆应该放弃……从而为自己去做最重要的事留下充足的时间和最多的精力。否则，你就是一个不能驾驭时间的人，并会因此而使自己的梦想成为泡影。

建议每一位有心人都能制订一份自己在一段时间里的详尽工作计划，并在每天结束前精确地安排第二天的工作。同时还要制订一份科学的休息时间表，从而保证自己的一生始终在精力充沛地从事最有意义的工作。

如果你是根据紧急性来确定做事的优先次序，可以分为三类：必须今天做好；应该在今天做好；应该在某个时间做好，但是还不急。

假定你准备两个月内完成一项工作。明显，你不会把这件工作列为第一类，因为还有两个月的期限。你可能会列入第二类，但也可能不会，因为还不太急迫。大多数的人会把它列在第三类，直到期限迫近时，你会发现很难找到专家来帮忙，而不能把这件工作做到你想要的详尽程度。你在心里责备自己，并且想下次一定要早点完成。但你还是犯同样的错误，因为到时候你会以同样的理由，把工作拖延到期限的最后几天。

一般来说，我们要根据重要性来确定做事的优先次序，而以紧急性作为次要但也是重要的考虑因素。这需要拿出你的待办计划表，首先，从"这件工作是不是清楚地有助于达到我一生的目标或短期目标"这个问题，来检视某一项工作。如果是，就在前面打一个记号，然后按照你要去做的先后次序标上数字，标先后次序的时候，要考虑两个因素：紧急性和时间效益率。

时间效益率只是一种评估方式，使我们认识到某一件工作虽然没有另一件工作重要，也没有紧急性，但是做这件工作获益很大，所用的时间也不多，则仍然是有很好的理由先办好它。例如，你一天最重要的工作是拟定一项报告，需要花大半天的时间。但是你还有一些可以分给别人去做的小事，那么在你开始草拟你的报告之前，用几分钟的时间把这些小事分配下去，被分配到的人，就会有更多的时间去做了。这显然是很有道理的。

"先做重要事情"这项原则也有例外，你会发现不要在一天的开始做最重要的事情，而另分配一段时间，集中精神去做，会更好。

在你把标有记号的工作项目编了优先次序之后，也同样把比较不重要的事项编上优先次序，然后就努力按照次序去做。你已经有了一个工作计划了，你一天的"产量"将会比你做完了一件工作之后，再停下来为要做的事定优先次序要多得多。

效率所重视的是做一项工作的最好方法。效力则重视时间的最佳利用——这可能包括或不包括做某一项工作。

例如，为了即将召开的一个会议，你有一份必须打电话通知的名单。如果你从效率观点来看，你就会想什么时候打电话给他们是最好的时机，是不是要把他们的名字放入自动拨号卡片上以节省时间，这张名单是否是最新的正确资料等。但是如果你从效力观点来看，你就会问自己，打电话给这些人，是不是把时间当作最佳的运用，你也许会考虑另一种联络方法。你也会考虑把打电话的事派给别人做，或把会议完全取消掉，好把时间用在更有用的地方。

美国有个钢铁厂的厂长，非常忙，总觉得时间不够用，那么怎么办呢？他找管理大师杜拉克先生，向他诉苦："我太忙了，如果谁能让我把每天的事情做完，我当场就付他二十五万美金。"

众所周知，人的时间和精力是有限的，不制订一个顺序表，你会对突然涌来的大量事务手足无措。杜拉克先生思考了一下，说："你能不能分析一下你自己所做过的每一件事情，什么是你想做而且做了的，有多少事情是你没计划做但却也做了的，这两类事情所占的比例是多少？"厂长说："你说对了，我经常被突来的事情把我的时间安排打乱。我不想做的接待，但却去接待了；我不想参加的仪式也不得不去参加，使我没工夫来思考我该干什么。"杜拉克说："这样吧，你每天上班的前五分钟，把你想做的事情写下来，标题叫：今日主要事项，然后按照重要性顺序排列。所谓重要性是根据你对目标的理解来定，最重要的事情放在第一位，第二重要的事放在第二位，依次排列。你开始做第一件事，在完成第一件事之前，不再做其他任何事情。如果你完成了所列的五件事，再考虑做其他的事情。"

厂长依照杜拉克先生的建议去做，每天如此，经过一段时间，他的工作安排得井井有条，而且效率极高。每周如此，把一周的五件事列出来，一件一件去着手完成。每月如此，在当月的第一天，把全月的主要五件事写下来，再依照执行，而且从不间断。效果终于出来了，他欣然付给杜拉克先生二十五万美金。经过几年的实践，他成为了全美的钢铁大王。

民间流传着这样一句脍炙人口的古诗："射人先射马，擒贼先擒王。"

78

它说明的是"处理问题要先抓住要点"的道理。

　　工作时，很多人都有过这样的经验，一会儿要复印，一会儿要接电话……既无聊又浪费时间。由这个经验可知，在工作进行时，必须解决的事情实在很多。在工作单位中，地位高的人，琐碎的事可以交代属下去做；而中级干部可支配的部下就比较少；而一些完全没有属下的工作人员，或是自己开店的人，复印等琐事就必须要自己做。

　　忙于琐碎的事通常会影响重要工作的进展。有些人会觉得工作愈忙愈好，但是忙着琐碎的事和忙着正事，这中间有很大的差别。即使是同样花时间工作，其一分一秒的价值却完全不同。

　　首先你要明确行动目标。一天的事情有很多，有些是迫在眉睫的，而有一些是可以暂且缓一缓的，也就是说事有轻重缓急。

　　有些非生理需要的事情，就难以判断出哪些重要而哪些不重要了。比如说，A 和 B 同时与你预定在八点钟约会，约谁合适呢？这时候选择与谁约会，就要看你的目的究竟是什么了。你要找女朋友，而 A 约你正是这个意思，你会毫不犹豫地去与 A 约会；你需要升迁，B 约你也恰好是这个意思，毫无余地，你要去会见 B。也就是说，要根据自己的某些目标来确定，如果这两个方面你都没有兴趣，那就只好用抛硬币来决定了。

　　有一位公司的经理去拜访卡耐基先生，看到卡耐基干净整洁的办公桌感到很惊讶，他问卡耐基说："卡耐基先生，你没处理的信件放在哪儿呢？"

　　卡耐基说："我的信件都处理完了。"

　　"那你今天没干的事情又推给谁了呢？"这位经理紧接着问。

　　"我所有的事情都处理完了。"卡耐基微笑着回答。看到这位公司经理困惑的神态，卡耐基解释说："原因很简单，我知道我所需要处理的事情很多，但我的精力有限，一次只能处理一件事情，于是我就按照所要处理的事情的

你比别人差的不是时间，而是自我管理

重要性，列一个顺序表，然后就一件一件地处理。结果，完了。"说到这儿，卡耐基双手一摊，耸了耸肩膀。

"噢，我明白了，谢谢你，卡耐基先生。"

几周以后，这位公司经理请卡耐基参观其宽敞的办公室，对卡耐基说："卡耐基先生，感谢你教给了我处理事务的方法。过去，在我这宽大的办公室里，我要处理的文件、信件等，都是堆得和小山一样，一张桌子不够，就用三张桌子。自从用了你说的方法以后，情况好多了，瞧，再也没有没处理完的事情了。"

这位公司经理，就这样找到了处理的办法。几年以后，他成为美国社会成功人士中的佼佼者。我们为了个人事业的发展，也一定要根据事情的轻重缓急，制订出一个计划来。我们可以每天早上制订一个顺序表，然后再加上一个进度表，就会更有利于我们向自己的目标前进了。

其实处理事情可以分为五个层次：重要且紧急、重要但不紧急、紧急但不重要、繁忙以及浪费时间。

第一，重要且紧急。

这些是必须立刻或在近期内要做好的工作。例如，老板要你在明天早上十点钟以前提出一份报告，你的汽车引擎有堵塞的情形。

现在，除非是这些情况都同时出现，否则你就能够处理它们。因此它们的紧急和重要性，要比其他每一件事都优先。如果拖延是造成紧急的因素，则现在已经不能再拖延了。在这些情形下，时间管理就不会出什么问题了。

第二，重要但不紧急。

我们的生活中，大多数所谓重要的事情都不是紧急的，我们可以现在或稍后再做。在很多情形之下似乎可以一直拖延下去，而在太多的情形下，我们确定这样拖延着。这些都是我们"永远没有着手"的事情。

例如，你要参加提升你专业技术的培训班，你想找出时间先做一番初步资料收集之后，再向老师提出你的计划；你一直想写的两篇文章；你想开始的节食计划；三年以来你一直计划要做的年度健康检查；你一直打算要建立起来的退休计划。

这些工作都有一个共同点：它们具有重要性，可以影响到你的健康、财富和家庭的福利，但是你如果不采取初步行动，它们会无限期地拖延下去。如果这些事情没有涉及别人的优先工作，或因规定期限而使它们成为"紧急"，你就永远不会把它们列入你自己优先要办的工作。

第三，紧急但不重要。

这一类是表面上看起来极需要立刻采取行动的事情，但是如果客观地来检视，我们就会把它们列入次优先级里面去。

例如，某一个人要求你主持一项筹集资金的活动、发表演讲或参加一项会议。你或许会认为每一个都是次优先的事情，但是有一个人站在你面前，等着你回答，你就接受了他的请求，因为你想不出一个婉拒的办法。然后因为这件事情本身有期限，必须马上去做，于是第二类的优先事情就只好向后移了。

第四，繁忙。

很多工作只有一点价值，既不紧急也不重要，而我们常常在做更重要的事情之前先做它们，因为它们会分你的心——它们提供一种有事做和有成就的感觉，也使我们有借口把更有益处的第二类工作向后拖延。

如果你发现时间经常被小事情占去了，你就要试一下学会克服拖延。

第五，浪费时间。

是不是浪费时间，当然是属于个人的主观认定。

有人给"不道德"下的定义是："事后觉得不好的任何事情。"虽然不知道这个定义是不是能够经得起理论的鉴定，但有学者认为这个定义可以用在"浪费时间"这四个字上。例如，如果我们看完电视之后觉得很愉快，那么看电视的时间就用得不错。但是如果事后我们觉得用来看电视的时间不如用在修剪草地、打网球，或看一本好书上，那么看电视的时间就可以归在"浪费"的一类。

努力节约时间而又做不到的人，常常想把他们的没有效率怪罪在这一类事情上。不过这不是问题所在，问题是在把太多的时间用在第三和第四类而不是用在第二类事情上。

奇妙的 80/20 法则

80/20 法则是什么？从时间管理的角度讲，80/20 法则代表的即是人们 80% 的成就都是在 20% 的时间内达成的，而剩余的 80% 的时间只创造了 20% 的价值。我们会发现，原本我们并不在乎的一个小时、一天甚至一个月，都在我们的无所事事中成为那仅仅 20% 的价值的贡献者。因此，如果我们能够悉心地研究 80/20 法则，或许便能逐渐清晰"成功的配比"，以便我们的奋斗都是有目的和方向性的。

在生活中，你会看到这样一种人，瞎忙的他们总嚷着时间不够用，每天都在成叠的文件中失去自我。其实，大部分人只是使用了 20% 的时间，因而创造的价值少得可怜。

据研究表明，更多人应该把工作重点放在 20% 的重要时刻，而尽量消减不重要的 80% 的时间。也就是，你做好那 20% 里边重要的事情，就能创造出 80% 的价值。不知道你是否有过这种感受，在执行一项工作计划时，最后 20% 的时间是最具生产力的。能够产生这种现象，一个主要的原因是因为工作需要在规定的期限之前完成。比如，当你手上的工作需要在下周一之前完成，而今天是周日，想必即便你牺牲自己的休息时间也定会把它完成，而不会再像之前那样无限期地拖下去。

80/20 法则，若使用恰当，会迅速将你的工作效率提升，它甚至会引领时间管理的革命，改变传统的时间管理理念。下面列举几个妙用这一法则的人物的例子。

佛烈德虽然不是商学院毕业的硕士，但从事顾问事业的他却迅速地积累了千万财富。在整个公司里，所有员工几乎每周都要工作 70 个小时以上，但佛烈德却是一个例外。他很少到公司去，且每个月只召开一次股东大会，他比较喜欢把时间用来打网球和思考。在管理上他很强硬，但从不高声呼喊，他手下有五个主要的部属，他便是通过五个部属来掌控全局的。

蓝迪所在的公司里的员工几乎人人都是工作狂，可唯独他例外。没人知道他是如何运用时间的，也不知晓他的工作时间是多少。蓝迪只参加非常重要的会议，而其他事务则授权他的年轻合伙人处理。

虽然他是公司的大领导，但任何行政事务都别想近他的身。他的大部分精力都花费在思考以及与重要客户的商谈上。在他的手中，从来不曾出现过三件以上的急事。很多为他工作的人都有一种挫败感，可蓝迪奇高的效率还是令人赞叹。

吉姆的办公室并不像一般的领导办公室，狭小的空间里还得塞下其他同事。在这个狭小而吵闹的空间里，打电话以及翻动文件的声音此起彼伏。可吉姆却像一片寂静的绿洲一样，他的注意力永远集中在自己的分内工作上。

有时候，他会把一两个同事带进一间安静的房间，把自己对他们的要求一一描述，并把为什么要求他们那样做的原因告诉他们，而且是一再说明。接着，吉姆会让那些同事把自己刚刚说过的话的大意复述一下。吉姆看上去是一个毫无激情之人，而且近乎半聋，可他是一个相当棒的领导。他的所有时间都花费在思考哪件事情是最具价值的，谁是最合适的执行者上，而后他会紧盯着执行者的进度。

其实很简单，正如上文所述，80% 的价值都是在 20% 的时间内被创造出来的。换句话说，你若是能找寻到你那宝贵的 20% 的时间在哪里，那么你就极有可能创造出别人耗费 80% 的时间尚不能取得的价值。

大凡成功人士都极善于克制自己，所以他们总是把精力用在处理最重要的，也是最困难的事情上。正因如此，他们的成就才会比别人高，才能从自己的行动中获得更多的满足。下面是一个职员成长为一家美国油漆公司董事长的故事。

大学毕业后的穆尔在一家油漆公司找到一份工作，当时他的月薪是 160 美元。对于这点薪酬穆尔是不满足的，他给自己拟定了一个目标：每个月挣 1000 美元。

一段时间后，在工作上逐渐顺手的穆尔开始把精力集中在业绩的提升上。他发现，业绩中大约 80% 来自那 20% 的客户。同时他也发现了自身存在的一个"短板"：此前，所有客户他都用相同的时间去接触。研究清楚后，他把自己所有客户都一一列出，将其中购买量最小的 36 个客户退回公司，而后全力服务其余的 20% 的客户。

戏剧性的一幕很快发生了，穆尔第一年便实现了自己拟定的每个月挣 1000 美元的目标。而第二年，这个目标被轻轻松松地超越了。紧接着，雄心壮志的他开设了自己的油漆厂，并很快成为当时美国西海岸数一数二的油漆制造商。后来，他还成为一家油漆公司的董事长。

如果上面那三个领导者的例子让你有点迷糊，那么穆尔的例子似乎更能直观地看出它想表达的意思。运用 80/20 法则，找到你大部分时间都耗费在什么事情上，而最有价值的那部分时间花费在什么事情上，这样你的时间利用率将会更高，而你也不必每天吵嚷着自己很忙了。因为学会使用 80/20 法则后，你会发觉自己无需浪费更多时间便能创造出更大的价值，不再是"比骡子累，比蚂蚁忙"了。能够把时间管理好的人永远不会说出"忙"字，因为他知道

你比别人差的不是时间，而是自我管理

自己想要的是生命中那 80% 的快乐。

　　一样的时间里，能否抵达那生命中那芳香四溢的玫瑰园，就看你如何运用神奇的 80/20 法则了。

有趣的工作分类法

有一种与80/20法则一样奏效的时间管理法则。这一法则在实用性上更简单易学，也便于操作。现在，请想想这个问题：你是否具备优先级判断能力？即是当你面对一些事情时，能否快速地把事情的优先次序排列出来，以便把最重要的事情优先解决的能力。如果你不具备，"ABCDE"工作分类法将是你的贴心保姆。

这是一个非常简单的方法，只要你在每天晚上睡觉之前，将第二天需要做的工作和参加的活动一一列出即可。在每一个项目的后面，都依次标注A、B、C、D、E，当第二天早上你进入办公室后，便可以按照清单上所列出的工作分类，有条不紊地一项项开展了。

一般而言，A类工作代表非常重要的事情，完成与否甚至关乎着你的未来。因此，晚上在列出清单时，首先要把所有你认为最重要的事情填写到A类下面，并时刻提醒自己切勿忘记。

ABCDE工作分类法极有益处，能让你对自己一天的工作心中有数。不过，或许你会说自己每天的工作并不是很多，无法按照事情的轻重缓急分出ABCDE五种类别。如果是这样，不妨直接将你的工作分成ABC三大类。

A级事务自然依旧是最重要的工作。比如老板交代的第二天开会时要向重要客户出示的演示文稿资料，或者管理性指导、重要客户的约见等。A级事务必须在最短的时间内完成，一旦完成便会令人心花怒放，反之则士气低落，甚至酿成灾难性的后果。因此，你必须倾你全力在第一时间、最短的时间里完成 A 级事务，暂时将其他一切抛开。

B 级事务虽然不至于像 A 级事务那样具有关乎"人生大计"的作用，但一样是重要且不能忽视的。这样的事情一般具有这样的特点：它对于达成你的目标具有一定的意义。因此你也一定要费心对待。

这类事务一样要在相对短的时间内完成，虽然其稍稍可以推迟延后，却不能在时间上有太大的弹性。而倘若也是需要在最短的时间内必须完成的，便需要将其上升到 A 级范畴。

C 级事务与上两个级别的事务相比显然不那么重要。它是一些可以向后推迟，同时即便不能在更短的时间内完成也不会造成更严重后果的事情。这类事情具有的价值相对低一些，甚至其中有些事情是完全耗费你的时间和精力的。如果是这样，可以考虑将其剔除 C 级事务，以将节省下来的时间应对其他事情。

美国企业界有一句名言："每花一分钟在计划上，可以在执行上节省十分钟以上的时间。"可见，如果你能在日常工作和生活中进行有效的计划，那么你在执行上将会更有效率。养成每天计划的习惯，你会发现在不知不觉中，你变得对任何事情都有了判断其优先与否的能力，而这种能力，将促使你在人生道路上飞跃式地发展。

如果从一个人的一生着眼，ABC 三大等级的占取比例为：A 级事务约占任务和工作总量的 15%，这些事情是你必须集中精力去完成的。如果这些事情能妥善地完成，它将对于你所达到的目标具有高达 65% 的价值；B 级事务约占据事务总量的 20%。如果完成这些事务，它将具有 20% 的价值；至于无关痛痒的 C 级事务，它占据事务总量的 65%，可完成这些事情后仅能够为你目标的实现充值 15%。

　　能够很清晰地看出，A 级别事务虽然占据事务总量的比重较小，可起到的却是决定性的作用。换句话说，人的一生之中更多时间都与没有意义的事情纠缠在一起。比如无聊且永不会消失的应酬，因你自身的意志力不强而频繁地逛街、煲电话粥以及琐碎到让你心烦而你又不知道如何拒绝的事情。当这些事情成为你生活的主旋律后，你便分不出更多精力去考虑什么样的事情才是重要的，才是决定你命运的。因此，一定要设法与那些琐事说"不"，消灭它们，果断地斩断它们给你带来的"丝丝心动"。

　　研究成功人士你会发现，他们除了处理工作，会为自己预留出足够的思考时间。在思考的时段里，他们会认真地规划每一步，直到自己对眼前和几年甚至十几年、几十年以后的事情了然于胸。

　　我们所说的 ABCDE 都是相对的，取决于当事人的价值标准，你自己才能为自己决定事情的重要与否。也许"每天花一小时读书提升自己"是你的 A 级计划，而"享受一小时阅读"是他人的 B 级计划。甚至于"某某推荐我读一本书"也可能是个 C 级计划。显然同样的一小时、同样的一件事，不同的人有不同的想法，没必要衡量，你只需要遵循本心。

　　今天的 C 级计划，也有可能是明天的 A 级计划。根据时间的推移，你可能需要调整你的计划，这样，你才能更有效整合时间，让你的时间利用率更高。

　　现在开始，你需要过滤那些不重要的人、事、物，然后根据目标列出你的任务清单，判断轻重缓急，将任务分类到 ABCDE。每一个任务都是孔雀的长羽，你没有比别人的时间多；但是随着你一项一项完成任务，你的生活也如孔雀开屏一般，耀眼夺目。

艾森豪威尔法则

"艾森豪威尔法则"又称为四象限法则或者重要性与急迫性交叉分析法。此法则是根据事情的重要性和紧急性制定出来的。按照任务的重要程度和紧急程度，可以分为4种类型：紧急又重要的事情、重要但不紧急的事情、紧急但不重要的事情、不紧急也不重要的事情。

"艾森豪威尔法则"与 ABCDE 工作分类法，事实上有着异曲同工之妙，如果把二者相比较你会发现，紧急又重要的事情属于 A 级事务，重要但不紧急的事情属于 B 级事务，紧急但不重要的事情属于 C 级事务，不紧急也不重要的事情属于 D 级事务。

但与 ABCDE 工作分类法有所不同的是，"艾森豪威尔法则"中的"四个任务"并非人们常规的理解。换句话说，紧急又重要的事情其实不是最重要的。这上升到的是一个人的前途的高度，即如果某人设立了某个目标，对于他能否实现其目标，其实起到关键且决定性作用的是重要但不紧急的事情，而不是紧急又重要的事情。紧急又重要的事情之所以出现，是重要但不紧急的二级任务被拖延和没有按时完成的结果。更简单地说，如果重要但不紧急的事情全部完成，也便没有一级任务了，那么一个人与成功的距离将被最大限度地拉近。

所谓"未雨绸缪"，意思便是将那些尚未发生、但有可能随时发生的事情考虑在内，而后当其还未形成事情时便将其完成。如果一个人忽视二级任务，那么一级任务将会越来越多，他会发现自己每天都在处理紧急又重要的事情，甚至连他本人都不知道为何会出现那么多紧急又重要的事情。

当这样的忙乱占据了他的思考时间时，那些二级任务便会悄悄地升级自身，逐渐变成一级任务。一个人处理事情的速度，一定跟不上二级任务变成一级任务的速度。因此，莫不如直接从二级任务着手，把一级任务的"粮道"截断，那样你会有喘息和思考下一步如何应敌的时间了。

从管理学的角度讲，一级任务越来越多，二级任务逐渐蜕变成一级任务，这被称为"管理危机"。它会让人耗尽一生精力而毫无成就，最终事倍功半。所以，只有把主要精力集中在那些重要但不紧急的事情上，你整个人的精神面貌才会焕然一新，你的时间才会越来越充足，你能做的事情也自然越来越多，这样的良性循环是敦促你成功的"加速度"。

但此时你会有一个疑问：如何才能有更多时间和精力去处理那些重要但不紧急的事情呢？别忘了，你还有三级任务和四级任务。四级任务等同于"ABCDE"中的"E"，基本上属于耗费时间和精力而又不具备更大价值的事情。如果你能把这些事情排除，那么你的时间无需你拼命地挤便会突然增加很多。

当然，适当的休闲总是少不了的，它会愉悦你的身心。可不懂得节制或者不想节制，放任自己沉迷其中，那么原本应该把它划归到二级任务中的想法便可以剔除了，它应该被直接打入四级任务的"冷宫"。

过多的娱乐方式日益充斥在我们的生活中，已经占据了我们太多的时间，即便是可能让人受益的电视新闻也不再如以往一样主要透露重要信息。曾任美国总统的尼克松认为：电视新闻越来越具有电视娱乐的特征，因为电视上的一切能否生存，取决于收视率而不是质量。

三级任务与四级任务有着紧密的联系，一样能吞噬人的灵魂。如果你能对这两级任务进行有效监管，只是在必要时才在它们身上花费时间，那么你就会为二级任务赢得更多时间；而一级任务也不会再像"催命鬼"一样，追逐着你的时间奔跑。

学会使用"艾森豪威尔法则"，来确定你面对事情的优先顺序时，你可以最大限度地消除以往因事务繁杂难以理清头绪，给你带来的痛苦和烦恼。抓住重要但不紧急的事情，在某种程度上决定了一个人的成功与否。当你所做的每一件事情都是重要的，都不再是无足轻重的，你便可以在面对千头万绪的工作时当机立断，进而做出高明的决策，收到更大的成效。这几乎是成功者和平庸者最大的区别。

著名的艾森豪威尔能够制订出这一适用于任何人的法则，堪称为整个人类都作出了巨大的贡献。毫不夸张地说，他的这项"发明"，让更多普通人更容易摸索到一条成功之路，进而登上他们人生的巅峰。

你曾经因你的时间都耗费在无意义的事情上而大发雷霆吗？苦苦寻找解救之法的你，还在漫无目的寻找中唉声叹气吗？学会使用"艾森豪威尔法则"会为你解答这个难题，它会让你的时间真正成为你的"仆人"，甚至会为你"提鞋"。一样的时间，艾森豪威尔法则能帮助你，让你更快到达你的彼岸。

与众不同的工作规律

你一定想把你的自我管理变得"规规矩矩",想利用有限的时间做出最大的成绩。既然如此,当你了解了"80/20 法则""ABCDE 工作分类法"和"艾森豪威尔法则"后,试着运用"SMART"这一法则。它是一个如果你按部就班地按照它的指示做,完全有可能快速达成目标的法则。

"SMART",即你制定的目标或者梦想是具体的(Specific)、可衡量的(Measurable)、可达到的(Attainable)、相关的(Relevant)和基于时间的(Time-based)。如果你的目标或者梦想符合这 5 个标准,那么你实现它的时间至少可以缩短一半。

具体的目标或梦想在上文中已有过描述,即你的目标一定要清晰可见。比如"我想成为一个伟大的人",这一目标虽然很大,可是并不具体,实现起来便困难重重。假如你的目标是学好英语,并制订了每天学习多少单词和句子的学习计划,那么实现起来会不会更简单一些呢?

有两组准备参加学校运动会的学生,他们的身体素质相差无几,身高也差别不大。在训练的过程中,第一组的组长告诉他们:"你们的目标是 1 米 2。"然后,他带领着这组学生开始训练,每天都为 1 米 2 的目标而努力着。事实上,原本这组学生只能跳过 1 米。

另一组的组长很有气势,他发现他的组员们只能跳过 1 米后鼓励大家说:"放心吧,第一组一定跳不过我们,但你们还要努力,我相信你们会跳得更高!"

你比别人差的不是时间,而是自我管理

当两组分别训练了一段时间后，学校的运动会开始了，而两组学生的跳高成绩也有了一定的差距。第一组很轻松地跳过了1米2的高度，可第二组却还是只能跳过1米。

能够看出，当你的目标不够明确时，你的努力便会失去方向，甚至你都不知道自己是否在努力。你可能有过这种经历：当上级领导夸赞你这个月干得不错，并鼓励你下个月努力时，你会高兴得有些昏头，以至于"下个月的业绩也维持这个月的标准即可"的想法会占满你的内心。而当上级领导在肯定了你当月的工作后，明确指定你下个月的工作任务目标是多少，你的斗志将被激发出来，结果或许你会超额完成任务。这便是明确目标所起到的重要作用。

"可衡量的"又是何意呢？即如果你的目标是买一栋房子，但若你不想清楚房子有多大、位置在哪儿，你手中的资金距离购房的差距是多少等问题，那么目标实现起来也是有一定难度的。

而"可达到的"对于实现你的目标更具有不可替代的作用。拥有梦想是美好的，它会促使你努力奋斗暂时忘却疲惫、烦恼和一切不顺，但前提是你的目标一定是可以达到的；否则时间一长，你曾经不懈努力之心便会慢慢垮掉，因为你并不知道何时才能圆自己的美梦。比方说，一个人的目标是"修炼"成神仙，这个目标其实是"子虚乌有"的，是任何人都无法达到的，因此纵然再怎么努力"修炼"也是枉然，徒增了自己的烦恼，并把珍贵的时间一分一秒地浪费了。

多年前，美国有这样一个试验：15个人被邀请参加一项套圈游戏。在一间屋子里的一边钉上一根木棒，然后给那15个人，每人几个绳圈套在木棒上，离木棒的距离可以自行选择。试验开始后，距离木棒太近的人很容易就能把绳圈套在木棒上，不过片刻的工夫他们便对这项游戏失去了兴趣；而站得较远的人则因为总是无法成功将绳圈套在木棒上，所以也慢慢地失去了兴趣；只有少数几个人与木棒的距离不近不远，这种"适当的距离"让他们保持住了对游戏的兴趣，而且因为距离上的关系，所以他们在努力之后就成功地将绳圈套在木棒上，颇有小小的成就感。就这样，他们是这项游戏最成功的玩家。

试验结束后，试验的举办者解释说，那些距离木棒不近不远的人具有高度的"成就动机"，他们通常会设定具有挑战性且做得到的目标。目标不是你伸手就能够到的苹果，而是你经过一段时间努力跳起来才能够到的苹果。可见，在设定目标或梦想时是很有学问的，目标和梦想设定得太容易实现，人的斗志会慢慢消失；而设定太具挑战性且难以实现的目标，人的激情一样会消退，只有结合自身情况而设定目标或者梦想才是最有意义的。

"相关的"是指你所设定的目标与你正在从事的工作具有一定的关联。比如，一名编辑设定了成为作家或者出版社社长的目标，如果其工作不努力，且总是做着成为明星的白日梦，那么他的结果可想而知。

"基于时间的"则是对实现目标的一种具体限制。比如你想在一线城市购买一栋楼房，如果只是单纯地设定这一目标，而没有计划是 5 年还是 10 年达到目标，那么你的努力也将没有更多的动力驱使。在怠慢中，你所预想的每一个阶段计划都会夭折。

也许，你的努力方向并不明确，也许你正亦步亦趋地像普通人一样活着。"SMART"法是能最大限度把你的目标规范在一个范围内的方法，谨守这一方法，你付出的每一份辛劳都将有出处。你的时间不比别人多，却比别人收获的多，而你所花费的每分钟也都会被记录在你的"时间日志"上。

第 5 章

专心致志　集中精力帮你提高效率

　　许多人工作不可谓不努力，工作时间不可谓不长，但就是成效不大。而他们自己也清楚，效率不高的原因是他们的精力没有得到有效的集中，这常常是他们自责的原因。他们一直在忙活着，而实际上，工作、学习的内容没有多少进到他们的脑子里。这实际上是工作方法的问题。

将时间用在刀刃上

有很多人缺乏效率，恰恰是因为他们想有更高的效率。他们常想同时做很多的事情，结果欲速则不达。在做一件事情时，用多少时间并不重要，重要的是你是否"连贯而没有间断"地去做。

聪明的人，知道如何把十分有限的时间用在刀刃上，发挥它的最大功效。有人问拿破仑打胜仗的秘诀是什么。他说："就是在某一点上集中最大优势兵力。也可以说是集中兵力，各个击破。"这句精辟的话，同样道出了集中精力对于成功的重要性。

要想真正成功，我们必须集中精力，全神贯注。当你受到干扰之后，你还得花时间重新启动你的思维机器，尤其当你受到几小时或几天的干扰之后，就更需要较长的时间来加热思维机器。这无疑对效率是有极大损害的。这也就是为什么有的人整天很忙，却总觉得自己的时间不够用的原因。

对于很多人来说，集中精力比较难，因为他们容易受到干扰。一切都可能成为干扰：一项体育活动、热点问题、某些生活情形、与同伴的争执甚至天气等，不一而足。比如，有的人在雨天不能有效工作，是因为"阴雨天影响情绪"。如果你将自己的时间主要花在应付干扰和琐碎的事务上，你永远无法真正驾驭自己的生活。

由于我们生活在一个复杂的社会群体之中，所以任何人都无法完全避免干扰。管理者也许要说，有很多干扰是我们拿薪水必须做的事情，例如和顾客谈话，答复员工的问题，接听老板的电话——这些都是分内的工作，是不能避免的。尽管如此，我们还是要尽量减少干扰。

缺乏效率的人要仔细地打量自己的工作和学习环境。精力无法集中的人，自称要消除精神疲劳，改变心情，常常会在写字台周围摆上各种不相干的玩意儿。实际上这些东西无形中也对你形成干扰，尽管是不易察觉的。这时候，办法只有一个，除了达到当前目的所必备的东西之外，不让自己看其他东西。

成功的作家都认识到集中注意力的重要性。法语侦探小说作家乔治·西默农在写一本书的时候，就把自己完全和外界隔绝开来，不接电话，不见来访的客人，不看报纸，不看来信。正如他说的，生活得"像一名苦行僧"。在他完全沉浸于写作大约11天之后，他出来了，并完成了一本最畅销的小说。

俗话说："一箭双雕"。在某些情况下，我们同时做两件事情也是可以的。但很多勤奋的人狂热地想获得每一分钟的最大效用，时时都想同时去做几件事，这样就不太现实了。

有人说过："有一件事是你总能预想到的，那就是不可预见之事。"干扰总会有的，我们要学习如何对待它。多数干扰初看起来似乎比实际上要重要得多，而实际上，很多干扰是我们完全能拒绝的。

另外一些，我们至少在当时可以否认，也就是说，我们完全能心安理得地将其先搁置一旁，以后再去应付。还有一些则需要我们立即关注并腾出时间来处理。既然你总是不得不面临一些"无法预见"的燃眉之急，那就要立即采取预防措施。

比如，一个出租车司机，每个冬天总会由于还使用着夏季轮胎而有几次在雪天无法出车。你会如何评价他？你会说："他应该早做打算。"正如某些地区每个冬天都会下雪一样，如果我们能对可预见的情况早做打算，很多干扰就能避免。

你比别人差的不是时间，而是自我管理

当然，谁也不能预见每个意外。生活不是一个完美计划的机械写照，不会按部就班地运行。有时会出现燃眉之急，要求我们立即处理。紧急情况出现的可能性较高，以至每周甚至每天都发生。关键在于，我们要把这些干扰纳入计划，而不是让它们来瓦解计划。要么你围着干扰转，要么让干扰跟着你转。

我们要懂得在日程表中，安排一个专门处理干扰的时间。为此每天应至少安排两小时。如果不出现问题，你就赢得了额外的时间。无论如何，你不要让干扰耽误了你所计划的结果。同样，你也可以每 14 天安排 1 天专门处理干扰，或是每 6 个月安排 3~5 天。如果可能，你可以聘请某人，替你处理那些可由他人代你应付的干扰。这些都是很有效的方法。

总之，我们要时刻记住，花多少时间做事情并不是最重要的，关键是做事的质量，也就是做事时集中精力的程度是更加重要的。重视时间的长短却不重视利用它的效果，是我们经常走入的一个误区。

另外，不管是学得更快，还是干得更快，都是一个效率问题。

如何在你的日常工作和生活中，使效率得到充分的显示？比尔·盖茨认为最实用、最重要的方法则是集中精力、高度投入。三心二意、心猿意马，绝不可能换来高效率，就是天才也不行。反之，有效地把精力、时间集中在当前所做的事情上，就能产生能量聚焦效应。高度专注、高度投入，这是提高效率最简单、最有效的秘诀。

比尔·盖茨从小就精力过人，从小就极爱思考，一迷上某事便能全身心投入。在湖滨中学读书时，他常按自己的兴趣爱好来安排学习。比尔·盖茨在喜欢的课程上狠下功夫，学得非常棒，如数学和阅读方面。每次父母看到比尔拿回来的成绩单，尽管他们知道比尔在一些课程上会学得更好，但他们并没有拉下脸来责备他。因为他们知道这样的学习才是高效的学习，才能始终保持那种难得的专注意志，从而有利于将来创造人生的大业。

那些成功的人士，其实没有什么超人的本领，如果说有，他们只不过比别人更善于利用时间，管理时间。

有意识地训练自己在利用时间方面的本领，你才能从时间里找到自己更多的人生价值。

每天有许许多多的事情等着我们去做，如果我们不分主次地进行工作，那么到头来我们不仅丢了"西瓜"，很有可能我们连"芝麻"也没有捡到，使一些本来能生出效益的时间，白白地浪费掉。

很多时候，人们总是被习惯束缚着自己的手脚。在处理问题时总是根据事情的紧迫感，而不是事情的优先程度来安排先后顺序，这样的做法是被动而非主动的，成功人士不可能这样工作。

时间管理的精髓即在于：有主次之分，并设定优先顺序，即把要做的事情分成等级和类别，先做最重要的事，再做次要的事。优先保证最重要的事的时间，就能优先保证做好最重要的工作，从而能够从大局上控制时间的价值。

比尔·盖茨认为：那些善于管理时间的人，不管做什么事情时，首先都用分清主次的办法来统筹时间，把时间用在最有"生产力"的地方。

如何分清主次，把时间用在最有生产力的地方，比尔·盖茨归纳出三个判断标准：

首先，明白我们必须做什么。

这有两层意思：是否必须做，是否必须由我做。非做不可，但并非一定要你亲自做的事情，可以委派别人去做，自己只负责督促。

其次，要明白什么能给我最高的回报。

要用80%的时间做能带来最高回报的事情，而用20%的时间做其他事情。所谓"最高回报"的事情，即是符合"目标要求"或自己会比别人干得更高效的事情。

最高回报的地方，也就是最有生产力的地方。这要求我们必须辩证地看待"勤奋"。"业精于勤荒于嬉"，勤，在不同的时代有其不同的内容和要求。过去人们将"三更灯火五更鸡"的孜孜不倦视为勤奋的标准，但在快节奏高效率的信息时代，勤奋需要新的定义了。勤要勤在点子上（最有生产力的地方），这就是当今时代"勤"的特点。

前些年，日本大多数企业家还把下班后加班加点的人视为最好的员工，如今却不一定了。他们认为一个员工靠加班加点来完成工作，说明他很可能不具备在规定时间内完成任务的能力，工作效率低下。而社会只承认有效劳动。

再次，要清楚什么能给我们带来最大的满足感。

最高回报的事情，并非都能给自己最大的满足感，均衡才有和谐满足。因此，无论你地位如何，总需要分配时间干令人满足和快乐的事情，唯其如此，工作才是有趣的，并易保持工作的热情。通过以上"三层过滤"，事情的轻重缓急很清楚了，然后，以重要性优先排序（注意，人们总有不按重要性顺序办事的倾向），并坚持按这个原则去做，你将会发现，再没有其他办法比按重要性办事更能有效利用时间了。

当然，除了要强调优先重要，还要强调长远重要。强调长远重要，即强调做"不急迫却重要而长久的事"。

在人们的日常生活中，会遇到很多这样或那样的事情，虽然有些都不是眼前最急迫的事情，但是对于长远、大局来说却有着重大的意义。比如锻炼身体，锻不锻炼眼前看不出多大差别，但是对于长远来说却极为重要，有极深远的效益。有些人不舍得在这类事上花费时间，实在很不明智，与长远计算的总账相比很不划算。

在时间分配上，要兼顾长远性与急迫性，要高度重视对眼前虽不紧急但有深远影响的事务的处理。这一法则，把时间管理上升到了战略高度。

最后，要成为时间管理高手，不仅要掌握这样那样的时间管理的法则、技巧，还需要苦练治心治惰的本领。时间管理与情绪管理是彼此制约、相辅相成、同步发展的关系。

如果没有积极、兴奋的情绪，哪怕掌握了很多时间管理的法则、技巧，也无济于事。那些对工作、生活充满了消极、厌倦情绪的人，那些懒于奋斗、不求上进的人，发愁的不是时间不够用，而是如何打发时间。

如果你想成功，首先做一个优秀自我管理者，让每一分钟每一秒钟的时间，发挥出它最大的效益。

别纠缠于细枝末节

虽然很多事情都是从小事开始的，但是，只有专心致志地做大事，才有可能谈得上高效率。然而既有趣又悲哀的是，我们通常都能够很勇敢地面对生活里面那些大危机，却经常被一些小事情搞得垂头丧气。

例如，在仲裁过四万多件不愉快的婚姻案件之后，芝加哥一法官就曾经说过：“婚姻生活之所以不美满，最基本的原因通常都是一些小事情。”纽约一检察官也说过：“我们的刑事案件里，有一半以上都起因于一些很小的事情。”

怎样化解这些小事对我们情绪的干扰，并且使我们把情绪波动的时间腾出来工作呢？

美国第 32 任总统富兰克林·D. 罗斯福与夫人刚刚结婚的时候，罗斯福夫人每天都在担心，因为她的新厨子做饭做得很差。后来她说：“可是如果事情发生在现在，我就会耸耸肩，把这事给忘了。”事实就是这样，“耸耸肩”就是一个好做法。

在科罗拉多州长山的山坡上，躺着一棵参天大树的残躯。400 年来，它曾经被闪电击中过 14 次，被狂风暴雨侵袭过无数次，它都安然无恙。但是在最后，一小队小甲虫攻击了这棵大树，那些小甲虫从根部往里咬，持续不断地往里咬，终于使大树倒了下去。

是的，我们的生命也是这样，能经历雷电的打击，却经不住一种叫做忧虑的小甲虫的咬噬。

在多数的时间里，我们要想克服被一些小事所引起的困扰，只要把目光转移一下就行了——让我们有一个新的、能够使我们开心一点的看法。如此一来，热水炉的响声，也可以被我们听成美妙的音乐。很多其他的小忧虑也是一样，我们不喜欢它们，结果弄得整个人很颓丧，原因只不过是我们不自知地夸大了那些小事的重要性。

当然，最重要的方法，就是果断地舍弃那些小事。

是的，自己不喜欢做的工作，当然就是不足挂齿的小事。

舍弃自己不喜欢做的工作，也只是小事一桩。

但是，我们很多人在工作中，并不知道自己要做什么，或者把时间消耗在自己不喜欢做的事情上。例如有一位机械师就不喜欢自己的工作，想转行，却迟迟下不了决心，因为他觉得自己无法抛开累积 20 多年的机械专业知识。其实，他应该果断地作出决定：转行，专注于自己喜欢做的工作！人人都能够拥有的专业知识毕竟算不得什么，自己喜欢的工作毕竟是专属于自己的，也是更容易激发自己的想象力和创造力的。做自己喜欢做的工作，我们就会更加容易高效率地取得属于自己的卓越成就。

每个人都必须当机立断，去做自己喜欢做的工作。当知道自己已经走错了方向时，就要及时转向，朝着理想的方向走，做到身心合一。如果明明知错了还要继续错下去，最终当然会一败涂地。要防止自己出现以上状况，要改变自己的类似状况，我们除了自信地转向，别无他途。

做自己喜欢做的工作，效率才会高；做自己不喜欢做的工作，取得高效率，就要付出极大的代价。实际上，我们大多数的人，都没有把自己的时间专注于自己喜欢做的工作上，总是逼着自己把自己讨厌的工作做到最好，甚至可以说就是自己对自己挥舞着皮鞭！这样的人，经常感到缺乏前进的动力，经常在事业的瓶颈处无法突破，还以为自己就根本找不到自己喜欢的工作。他们不知道，要找到自己真正喜欢的工作，只需要把自己认为理想和完美的工作条件列出来，就一目了然了。

高效率人士，一般都在做着自己喜欢做的工作。在小事中，他们一般都很洒脱。

说到底，做自己喜欢做的工作，我们能比较充分地发挥自己的天赋，才有可能取得应有的高效率。

自己的时间自己做主

人，有百灵鸟型和夜猫子型。杰逊说他大概是属于夜猫子型吧。以前，他是百灵鸟型的人，即使在准备考大学的那段日子，也很少熬夜，而且最少要睡 8 小时，早上很早就起床。而现在，工作使得他变成了一只"夜猫子"。

杰逊变成"夜猫子"最大的理由是为了错开上下班高峰，将时间最有效地利用。他觉得每天搭电车去律师事务所的路上，什么事都没法做，实在很可惜。假定一个人每周上班五天，每天往返需要 2 小时，一年就要有 400 小时以上的时间耗费在路途上，这 400 小时，用来念书或做事，会得到相当好的效果。

另一个理由是和律师工作有关。公司一类的法人机构和律师会谈可以在白天进行，但在公司上班的人却不能，总觉得会引起公司同事侧目。在公司，"今天要去看医生，请准许早退"比较说得出口，而"要去和律师会面，请准许早退"就说不出口。另外，去见律师的事，一般是不想让别人知道的。所以杰逊若是听到顾客说："六点多再来可以吗？"他一定会说："好的。"

律师经常必须准备各种文件，撰写大量的文字材料。律师要为委托人保守秘密，所以工作必须在事务所内做。可是，事务所内整天都有很多恼人的电话打进来，只有在晚上电话较少，因此他就渐渐地变成了"夜猫子"。

百灵鸟型或是夜猫子型都视个人的情况而定。不考虑个别的条件，是无法断定百灵鸟型好或是夜猫子型好的。要紧的是"在最适合自己的时间里处理好事"，才会提高效率。

据说一般人的脑力巅峰是在上午九点至下午五点，所以最重要的工作要配合这个时间来做。然而，并不是每个人都适合这个时间。有的人脑力巅峰是在十三点到十八点，也有十八点到凌晨二点的。

事实上，人在一天之中，头脑最灵活的时间，因人而异。要紧的是自己要找出自己的巅峰在哪里，低潮在哪里，并且好好运用它。

在低潮时，可以做些简单的事，接接不重要的电话，或是看看报纸；在巅峰时间，就要去做最重要的事，同时，巅峰时间必须不受别人的打扰。每个人都有这种经验，早上刚醒时，头脑还不很清醒，但过了十分钟或是几小时，头脑就清楚了。头脑尚未清醒的时间就要用来洗洗脸，看看报纸，等待头脑清醒的巅峰时间的到来。

生活步调一混乱，脑筋就会变得不灵活。经常有人说，有重要考试的当天，想早起，只要前一天早上早起就可以了。因为前一天早起，晚上一定会早睡，考试当天就不会睡过头了。但是，笔者不太赞成这种方法。这是因为生活步调会受影响。当然，还要看是什么样的考试，若是重要的考试，最好避免用这种方法。虽然这种方法能早起，但是打乱了生活的步调，恐怕脑筋无法十分灵活。遇到这种情形，要从考试那天的前一周起，慢慢地改变生活的步调；每天早上提早一点儿起床，才不会因为生活步调急剧变化，而造成脑筋的不灵活。

在物理学中，有一个"惯性定律"：一切物体在没有受到外力作用的时候，总保持静止状态或匀速直线运动状态。

工作或念书的步调，和直线运动相似。下决心每天早上早点起床念一小时书，这个决心在培养成习惯的过程中，多少会伴随着痛苦。但是，若持续一段日子，每天早上念一小时书会变得理所当然，也不会再觉得痛苦了。

　　这中间最难的是从静止到运动的刹那，因为此时要有相当大的精神毅力，但是只要付出努力，终究是会看到成果的。可是，若中途放弃，那么一切都将前功尽弃。

想效率倍增，先排除干扰项

　　在现实生活中，有这样两种类型的人：一种是善于把复杂的事物简单化，办事又快又好；另一种是把简单的事物复杂化，使事情越办越糟。当我们让事情保持简单的时候，生活显然会轻松很多。不幸的是，倘若人们需要在简单的做事方法和复杂的做事方法之间进行选择，我们中的大部分人都会选择那个复杂的方法。如果没有什么复杂的方法可以利用，那么有些人甚至会花时间去发明出来。这也许看起来很荒谬，但真有不少这样的事。很多勤奋的人就在做这样的事。

　　生活中有很多"勤奋的人"，沉迷于找到许多方法，使个人生活和业务变得复杂化。他们在追求那些不会给他们带来任何回报的事情上，浪费了大量的金钱、时间和精力。他们和那些对他们毫无益处的人待在一起。在某种程度上这简直像受虐狂。

　　许多"勤奋的人"都趋于把自己的生活变得更困难和复杂。他们快被自己的垃圾和杂物活埋了，那就是他们的物质财产、与工作相关的活动、关系网、家庭事务、思想和情绪。这些人无法实现像他们所希望的那么成功，原因是他们给自己制造了太多的干扰。

　　把事情化繁为简的一个关键是抓住事物的主要矛盾。必须善于在纷纭复杂的事物中，抓住主要环节不放；而"快刀斩乱麻"，使复杂的状况变得有脉络可寻，也使问题易于得到解决。

同时，它还意味着要善于排除工作中的主要障碍。主要障碍就像瓶颈堵塞一样，必须打通，否则工作就会"卡壳"，耗费许多不必要的时间和精力。

永远要记住，杂乱无章是一种必须去除的坏习惯。有些人将"杂乱"作为一种行事方式，他们以为这是一种随意的个人风格。他们的办公桌上经常放着一大堆乱七八糟的文件。他们好像以为东西多了，那些最重要的事情总会自动"浮现"出来。对某些人来说他们的这个习惯已根深蒂固，如果我们非要这类人把办公桌整理得井然有序，他们很可能会觉得像穿上了一件"紧身衣"那样难受。不过，通常这些人能在东西放得这么杂乱的办公桌上把事情做好，很大程度上是得益于一个有条理的秘书或助手，弥补了他们这个杂乱无章的缺点。

但是，在多数情况下，杂乱无章只会给工作带来混乱和低效率。它会阻碍你把精神集中在某一单项工作上，因为当你正在做某项工作的时候，你的视线不由自主地会被其他事物吸引过去。另外，办公桌上东西杂乱也会在你的潜意识里制造出一种紧张和挫折感，你会觉得一切都缺乏组织，会感到被压得透不过气来。

如果你发觉你的办公桌上经常一片杂乱，就要花时间整理一下。把所有文件堆成一堆，然后逐一检视（大大地利用你的字纸篓），并且按照以下四个方面的程度将它们分类：即刻办理；次优先；待办；阅读材料。

把最优先的事项从原来的乱堆中找出来，并放在办公桌的中央，然后把其他文件放到你视线以外的地方——旁边的桌子上或抽屉里。把最优先的待办文件留在桌子上的目的是提醒你不要忽视它们。但是你要记住，你一次只能做一件工作。因此，你要选出最重要的事情，并把所有精力集中在这件事上，直到把它做好为止。

每天下班离开办公室之前，把办公桌完全清理好，或至少整理一下。而且每天按一定的标准进行整理，这样会使第二天有一个好的开始。

不要把一些小东西——全家福照片、纪念品、钟表、温度计，以及其他东西过多地放在办公桌上。它们既占据你的空间，也分散你的注意力。

每个坐在办公桌前的人，都需要有某种办法来及时提醒自己一天中要办的事项。演员在拍戏时，常常借助各种记忆法，使自己记得如何叙说台词和进行表演，你也可以试试。这时，日历也许对你很有帮助，但是最好的办法可能是实行一种待办事项档案卡片（袋）制度，一个月每一天都有一个卡片（袋），再用些袋子记载以后月份待办事项。要处理大量文件的办公室当然就需要设计出一种更严格的制度。

此外，最好对时间进行统筹。比如到办公室后，有一系列事务和工作需要做，可以给这些事务和工作安排好时间：收拾整理办公桌 3 分钟，对一天工作的安排 5 分钟，等等。

对于想做一件事，一直做不出名堂的人来说，有人的观点是："如果一开始没成功，再试一次还不成功就该放弃，愚蠢的坚持毫无益处。"

琐碎而无价值的工作指的是一些不重要的任务或工作，而且报偿低。它们能消磨你的精力和时间，因此你不能处理更为重要且当务之急的工作。琐碎无价值的工作可能是将文件归档、清理办公室抽屉、日常文书工作或者没有紧迫任务时，任何人都可以做的那种工作。

解决方法：作为管理人员，你可以在你的办公桌前放一大块字牌："任何时候，只要可能，我必须做最有效的事情。"以此，尽可能减少琐碎无价值的工作。当你开始做琐碎的工作，作为拖延重要工作的借口时，看看字牌就知道自己又在浪费时间了。

当你陷入琐碎的工作中时，一定要自我反省，问问自己，你现在的行动是否接近最优先考虑的事情。如果不是，就终止它们，并着手重要的事项。

让自己变成现代的时间驾驭者，减少例行公事，并多参与困难的决策和计划。如此一来，你就会增加自身的价值和晋升的机会。

有人把浪费自己的生命，同时也耽误别人时间的人，叫作"时间大盗"。这种比喻尽管有点不留情面，但是，无缘无故耽误别人的时间，也确实可恶。不管你有多忙，恨不得把一分钟当作两分钟来用，有些人还是三天两头给你打电话，或不断找上门来让你帮忙，甚至到你家中没完没了地坐着聊天，或请你去吃饭、喝酒、娱乐……你若表现出不耐烦，他们还不高兴。

最要命的是，这些侵吞你时间的人，大都是你的亲朋好友，使你拉不下面子拒绝或下逐客令。但是，你要了这个"面子"，就会丧失事业上的那个"面子"。因此，为了生活和事业，每个人一旦遇到"时间大盗"，必须学会说"不"！

最根本的解决办法是你得通过你的一切表现，明白地告诉所有认识你的人："我绝对不是那种让别人浪费我时间的人"，你在别人心中建立起这种印象之后，"时间大盗"在你的门前就会望而却步。

有些人成天忙得团团转，但他是否真的很勤快呢？甚至到了下班时间，还有一大堆事情尚未处理。这是否意味着他的忙碌是没有意义的呢？或许你会发现，像这种成天忙碌的人，工作通常是没有效率的。

有些主管整天呼来喊去、骂这骂那，书桌上的公文及资料文件堆积如山，似乎有忙不完的工作，可以将他们称为"无事忙"。

成天忙个不停的人，工作效率通常并不好。若你有事请教，他们会很不耐烦地转头说："我很忙。"在你的问题尚未说出前，就给你来个下马威。的确，他们是很忙，但这种忙碌是否具有实质意义呢？相反的，有的人对每件事都处理得井然有序，不管公司内外，大大小小的事，他们都能迅速地亲自处理，并且让人一目了然，甚至有时还悠闲地表现一些幽默和情趣。这到底是怎么回事呢？有人对公司那些"无事忙"的主管做过心理分析，很不幸地发现他们忙碌的理由都是可笑的，有的甚至只是为了要将自己的能力表现给他人看，却完完全全地与效率和合理脱了节。这正是很多管理者常常犯的错误。

懂得珍惜时间是一件好事，但同时要记住还要懂得怎样利用时间。拉布吕耶尔说："最不好好利用时间的人，最会抱怨它的短暂。"那么，如果你把时间合理地利用好了，也就会觉得它其实很充裕。这在某种意义上说，也等于延长了你的生命。

在我们做一件工作前，要考虑如何用最简省的方法去获得最佳的成效，例如拟定一个周密的计划，再着手去做。若只是因一时的兴起而从事工作，不但事倍功半，而且也不易成功。工作时如果只是要将自己的忙碌告诉他人，我们可以断定他所忙的都只是一些无聊的事。因为一个工作有计划的人，是不会那么忙碌的。有一位公司的高级主管，他总是笑脸迎人，优哉自若，非常有效率。与客人一见面，他会直截了当地告诉你："今天我只有三十分钟能和你谈。"或是"今天我的时间较充裕，我们可以慢慢谈。"有一次，有人为了一件重要的事情来拜访他，他立刻就将财务科长叫到办公室；第二天，这件事情就解决了。因为他冷静，所以能很快地下决断。成天无事忙的人，是绝对没有这种"当机立断"能力的！

无论是高层主管还是员工，若能在一天规定的八小时工作时间内，将预定工作做完，才是一个有效率的人。我们常看到有些人，在下班铃响后，才开始紧张忙碌地工作。如果有这样的员工，必定也有这样的主管，因为他们的低效，双方才能臭味相投。若是一个主管认识到员工如此工作是没有效率的，相信员工就不会这样做。

许多人在工作中过分忙碌是因为他们养成了贪多的习惯，这使他们发现永远有做不完的事情。如果你发现自己被许多事情绊住，忙完一茬又一茬，做完一件又一件，想要使所有人高兴，就像刚腾空一个容器，又得把容器装满，那就需要反思自己并想一些办法解决这种情况了。

这种情况和出去度假前把衣箱装得太满是一样的道理，衣箱不能超量装载，工作分配同样也不能超过负荷。要问一问自己在指定时间内所做的工作，是否能发挥最大效益，或者徒劳无功？

无论上班或私事中，想取得成功都需要适当的时间和精力，才能使一生中每一阶段都有所贡献。适当的平衡，意味着把你的时间用得有价值，成绩良好时，别忘了给自己和其他合作密切的人予以奖励。

同时，还必须防止对自己或旁人做出不能实现的允诺。利用自己的时间，做出尽可能完善的计划。在现实的目标和达到目标的行动取得适当平衡的情况下，你才能在生活的各个方面做出更多的成绩。

接受一项新挑战，必须用一定时间思考，要写出书面计划，和上司、同事或下属讨论一下。尤其是要和对这项工作有所了解，或者有实际经验的人进行讨论。

在工作当中，要想想老板对你现在做的工作是否要求限期当天完成，或者应提前一天。注意，按时圆满完成每项任务，能树立追求事业的名誉。在完成当前工作之前，把未来的一切工作都忘掉。列出全部完成的工作清单，以便进行业绩评估时提醒上司。

有的公司的员工为了给顾客提供最佳服务，会答应一些很难办到的事。如果允诺没有实现，往往会引起顾客们的不满，使自己也陷入狼狈状态。这提醒我们，不要陷入承诺太多的圈子里。

你认为一天能对顾客做出答复时，告诉他们需要三天。要知道三天之内会出现许多意想不到的情况。当你在一天内完成允诺，把结果送给顾客时，你会给顾客留下良好的印象。当你碰到疑难问题，或请一天病假，在三天之内仍然能办完，答应之事，绝不至于耽误拖延。

你比别人差的不是时间，而是自我管理

　　所以要懂得适时说"不"的重要性，只有这样，你才能有时间做自己最重要的工作，并在接受一项工作或者被分配某项指定任务时，有绝对的把握。善于控制时间的人通常会花费一些必要的时间，对可能出现的结果多方考虑，这样才能在处理问题时，站在最有利的地方。

　　工作时间太多通常会引起家人的不满，引起家庭失和。这也会给你造成很大的损失。在工作中，保持各种平衡是非常重要的。要想成功地控制生活，就必须对你花费时间的情况，做一番建设性的忠实评价。针对自己浪费时间的情况予以各个击破。当你能够支配你的一切活动时，相信最重要的成功因素就是你愿意把坏习惯去掉。

　　想一想，世界上每个人的时间都是一样的，而人和人的成就的差异可谓天渊之别。这该让我们猛然醒悟，做出成就的关键不在于你花了多少时间，如果是那样，那么世界上大多数人的成就应该差不多了。我们要知道关键不在这里。

　　我们要反省一下自己：是不是太忙碌了？这种忙碌到底给自己带来了什么？是不是在身心俱疲的同时却忽略了效率？当你感到永远有做不完的事情，当你感到自己像个陀螺永远转不停，都快把自己转晕了时，你真该静止下来，冷静地想一想，自己是不是陷入了一个恶性循环的怪圈？要让自己的脚步慢下来，用宁静的心态、从容的脚步去做事，你可能反而获得比过去更高的成就。

做事需有好习惯

有些人做每一件事，都能选定目标，全力以赴；另外一种人则习惯随波逐流，凡事碰运气。不论你是哪种人，一旦养成习惯，要想改掉就不容易了。这种情形我们称之为"惯性"，是宇宙共通的法则。

有这样一个故事。

一个穷人碰巧得到了一本从亚历山大帝国图书馆中流失出的书。打开一看，在这本书里藏着一样非常有趣的东西———一张薄薄的羊皮纸，上面写着点物成金的秘密。讲的是有一块小圆石头能把任何普通金属变成纯金。羊皮纸上记载着，这块奇石在黑海岸边能找到，它与千千万万的石头在外观上没有两样，找到它的唯一方法是靠触觉——普通石头摸起来是凉的，它却是温的。于是这个穷人变卖了所有的家当，怀着发财的梦想带着简单的行囊，露宿黑海岸边，开始摸石头。为了避免重复摸石头，他每捡一块石头就丢到海里去，就这样，一天天一年年地过去了，他仍然坚持着。突然有一天，他捡到一块石头是温的，他竟然习惯性地扔到了大海里。因为这个动作太根深蒂固了，早已成了习惯；而由于习惯，下意识地把它扔掉了，从而使多年的等待与梦想成为泡影。

实际上你的习惯影响了你做事的成功与失败。

大自然利用惯性定律，维持宇宙万物彼此之间的关系，小至原子的排列组合，大至星球的运行；一年四季、疾病健康、生死，形成井然有序的系统。

你比别人差的不是时间，而是自我管理

习惯束缚着我们每一个人。习惯是由一再重复的思想和行为所形成。因此，只要能够掌握思想，养成良好的习惯，我们就能掌握自己的命运。

每一种生物的习惯都是由所谓的"直觉"所形成，只有人类例外。造物者赐予人类完整的、无可匹敌的权力——思考的力量，运用这种力量，我们能达成所有期望的目标。

这是一项奥秘的真理。我们可以用来开启智慧之门，让工作有条不紊。只要能够掌握自己的意志力，一心一意朝向既定的明确方向，报酬是非常可观的。如果不好好把握，则会受到很大的惩罚。

习惯的作用不足为奇，也不会无中生有，更不是一成不变。但是它的确会帮助，甚至强迫一个人追求目标，并将思想付诸行动。

养成能让你成功的好习惯。一心一意地专注于你想要追求的目标，等到时机成熟时，这些新的思考习惯将为你带来预期的名声与财富。

当然，除了好习惯之外，坏习惯难免也会存在，而坏习惯常常是失败的罪魁祸首。正是因为习惯在不经意间作用于我们生活的点点滴滴，所以坏习惯通常会成为大事的绊脚石——尤其对于意志不坚强的人，坏习惯往往会成为一个不良的主宰，统治及强迫人们违背他们的意志。

不良的习惯会使你失去你所期待的"石头"，使你对机遇视而不见，阻碍你开发自己的潜能；它甚至会使你精神紧张乃至崩溃。有一位大公司的高级主管，常常觉得自己充满了紧张、焦虑，他知道自己状态不佳，却又无法停下来，于是向心理医生求助。心理医生帮他找到了原因，原来他有一种"没有止境、做不完又必须做"的感觉，而这又归功于他做事拖拉的坏习惯。这位高级主管有两间办公室、三张办公桌，到处堆满了有待处理的文件——他常常由于一时的惰性，而把报告等留到"待会再处理"。这样他的办公桌上不久就堆满了待复信件、报告、备忘录等。更为严重的是，一个时常担忧万事待办却又无暇办理的人，不仅会感到紧张劳累，而且会引发高血压、心脏病和溃疡。

解决拖拉的办法是克制自己的惰性，养成"现在就干"的好习惯。他们缺的是顽强的毅力——改掉坏习惯的意志力。在接受心理医生的咨询后，那位高级主管请医生去他办公室参观。医生看到，他改变了——当然桌子也变了，他打开抽屉，里面没有任何待办文件。"6 个星期以前，我有 2 间办公室、3 张办公桌。"这位主管说道，"到处堆满了有待处理的文件。直到跟你谈过之后，我一回来就清除了一货车的报告和旧文件。现在，我只留下一张办公桌，文件一来便当即处理，不会再有堆积如山的待办文件让我紧张烦忧。更奇怪的是，我已不药自愈，再不觉得身体有什么毛病了。"

好的习惯对于你的事业、成功来说是一个好的推动，反之，坏习惯却在你的成功的路上，铺满钉子。

有这样一个故事。

有个时期，美国富豪盖蒂吸香烟吸得很凶。有一天，他度假驾车经过法国，那天正好下着大雨，地面特别泥泞，开了好几个钟头的车之后，他在一个小城里的旅馆过夜。吃过晚饭他便到自己的房里，很快便入睡了。

盖蒂清晨两点钟醒来，想抽一支烟。打开灯，他自然地伸手去找他睡前放在桌上的那包烟，已经抽完了。他下了床，希望能在口袋里找到一包，结果毫无所获。他又搜索他的行李，希望在其中的一个箱子里，能发现他无意中留下的一包烟，结果他又失望了。他知道旅馆酒吧和餐厅早就关门了，心想，这时候要把不耐烦的门房叫过来，太不堪设想了，他唯一能得到香烟的办法是穿上衣服，走到火车站，但它至少在 6 条街之外。

外面下着雨，他的汽车停在离旅馆尚有一段距离的车库里，而且别人提醒过他，车库是在午夜关门，第二天早上 6 点钟才开门。而且能够叫到计程车的机会也几乎为零。因此，如果他真的这样迫切地要抽一支烟，只有在雨中走到车站。于是他脱下睡衣，开始穿上外衣。他衣服都穿好了，伸手去拿雨衣，这时他突然愣住了，开始大笑，笑他自己。他突然体会到，他的行动多么不合乎逻辑，甚至荒谬。

盖蒂站在那儿寻思，一个所谓的成功商人、一个自认为有足够理智对别人下命令的人，竟要在三更半夜离开舒适的旅馆，冒着大雨走过好几条街，而仅仅为了得到一支烟。

盖蒂平生第一次注意到这个问题，他已经养成了一个不能自拔的习惯，他愿意牺牲极大的舒适，去满足这个习惯，这个习惯显然没有好处。于是他的头脑很快清醒过来，片刻就做了决定。

他下定决心，把那个仍然放在桌子上的烟盒揉成一团，丢进废纸篓里。然后脱下衣服，再度穿上睡衣回到床上，带着一种解脱，甚至是胜利的喜悦，他关上灯，闭上眼，听着打在门窗上的雨点。几分钟之内，他进入了一个深沉的睡眠中，自从那天晚上以后，他再也没有抽过一支烟，也没有抽烟的欲望。

以盖蒂的情形来说，他被一种坏习惯制服，已经到了不可救药的程度。一个人的坏习惯通常成为工作的不利因素，如何克服坏习惯，是每个人都要面临的选择。成大事者能够保持清醒的头脑，不让坏习惯在自己身上蔓延；而有很多人就是败在坏习惯上，这不得不让我们加以重视。

人是有习惯性的，就如同一张纸，一旦以某种方式折起来，下一次它还会按照相同的折线被折起；或是衣服、手套等会因为使用者的使用，而形成某些褶痕，这些褶痕一旦形成，就会长时间存在。人在习惯上也是这样，它因为重复而被形成，一旦形成就会如衣服或手套的褶皱一样难以改变。习惯是后天养成的，并由重复或练习而巩固下来。在你有意识或无意识时，都会自动地、轻而易举地表现出来。

疲劳容易使人产生忧虑，或者至少会使你较容易忧虑。这对于工作的成效是很不利的；疲劳同样会减低你对忧虑、恐惧的感觉与抵抗力，所以防止疲劳也就能防止忧虑。

当碰到精神上的疲劳，应该怎么办呢？要放松！放松！再放松！要学会在工作时放轻松一点。

记住：要有放松自己的习惯。

随时放松你自己，使你的身体软得像一滴水。

工作时，采取舒服的姿势。

当你神经紧张时，你可以沉默，也可以用平静的声音说道："我要放松，我要放松。放松、放松、再放松！"

每天自我检讨 5 次，问问自己："我有没有使我的工作变得比实际更重要？"

每天晚上再检讨一次，问问你自己："我有多疲倦？如果我感觉疲倦，并不是因为过分劳心的缘故，而是因为我做事的方法不对。"

不论有多强的意志力，大自然都会赐予一个人入睡，所以，要想不为失眠症而忧虑，就要放松自己。良好的睡眠是做好工作的保证，记住要养成良好睡眠的习惯。

如果你睡不着，就起来工作或看书，直到你打瞌睡为止。

多运动，使身体因劳动而无法保持清醒。

在工作上，要想成为一名佼佼者，扮演重要的角色，记住要有好的性格。

性格是人生的大问题，性格不好会由此引发很多问题。不要强迫自己去怎样做，淡然处之，随遇而安，做出这样选择的人，注定能够成功和幸福。

一个人在任何场合，如果都能够保持从容不迫、顺应自然的态度，那么任何事情，他都能应付自如。

你比别人差的不是时间，而是自我管理

一些工作高手总是保持着冷静，面对突然变故，他们仍然镇定自若。因为他们懂得不能慌，慌即无法思考应付的妙招。如果他们慌了，那么周围的人更没有主见，那就慌作一团了。因此，他们大都会喝一声："慌什么？"这一半是对别人讲的，一半则是自我暗示。

要有运动的习惯：肉体疲劳了，精神就会随之休息。

烦恼的最佳"解毒剂"就是运动，也就是要培养运动的习惯。当你烦恼时，多用肌肉，少用脑筋，其结果将会令你惊讶不已。这种方法是极为有效的。当开始运动时，烦恼就消失了。

你若发现自己有了烦恼，或是精神上如同骆驼寻找水源那样猛绕圈子转个不停，就利用激烈的体能练习活动，来帮助自己驱逐这些烦恼。

这些活动可能是跑步，或徒步远足乡下，或是打打球。无论是什么，体育活动能使人的精神为之一振，烦恼的大山很快就会变成微不足道的小丘，一项新念头和新行动很容易就将它"摆平"。

现在开始培养你的好的工作习惯吧。记住：按事情的主次程度来做。当你碰到问题时，如果必须做决定，就当场解决，不要迟疑不决。

第 6 章

积累点滴　在零碎的时间里提高效率

"大豆不挤不出油，时间不挤会白溜"，俗语中的道理总是诙谐又让人难忘。"时间就像海绵里的水，只要肯挤，总是有的。"鲁迅先生把人类应该对待时间的态度描述了出来。你是一个对时间心慈手软的人吗？你总是觉得娱乐时，时间也会欣然愉悦吗？如果你这样想，时间是不会领情的，它会愤怒地朝你屁股踢去。

从时间中寻找时间

　　成功人士之所以成功，其中一点便是把别人荒废的时间，用在了工作上。人的一生有限，大部分时间都耗费在了与工作无关的事情上。聪明的头脑自然能够弥补人类在时间上的"短暂"，但它却不是万能的。试想，一个能活到 80 岁的人，他在死前的几天时间里，才开始使用自己非凡的才华，他能否达到一个人终其一生积累起巨额财富的程度吗？

　　可见，从短暂的时间里挤出时间，是几乎每一个成功人士都掌握的诀窍。习惯成自然，养成良好的作息时间，调整好自己的生物钟，人人都能在享受睡眠的同时拥有更多的学习时间。懒惰是人类的天敌，它能把一个人的坚强意志摧毁。因此，从这一刻开始克制住自己，让自己赶快动起手来。

　　无需疑惑，你身边的人或者是你本人，一定有过赖在床上的经历。即便隔天是一周的开始，星期天晚上你也不会放过最后愉悦的机会，会零时或者凌晨再爬到床上。而后当闹钟响过几遍后，迫于无奈的你才会在"这下要迟到了"的自我催促中翻身下床，"只见牙刷不见早餐"。倘若你是这样一个懒虫，时间会陪着你慢慢变老，你也终将会在睡眠中遗失自我。

　　挤出你的时间，并不是剥夺你生存的权利，仅仅是在你足以存活之余，最大限度地把一天的 24 小时变成 25 小时，甚至更多。你可能有这种惊讶：如果你的时间可以从 1 小时变成 2 小时，你愿意吗？你一定愿意，或许你想着的是又多了一个小时的玩乐时间了。但挤出来的 1 小时是从你的睡眠或者其他休闲时间挤出来的，这样的答案定会让你大失所望。因此，世界上那些参加"1 小时变成 2 小时"活动的人成为了成功人士，而只顾眼前享乐的你，则沦落到每天都要为第二天的生计奔波的下场。

倘若你还不希望自己那么可悲，就尽早做个海绵宝宝吧，在自身情况允许的条件下，挤一挤你的时间；你会发现那挤出的时间，像牛奶一样营养丰富，它会是你人生的早餐中，必不可少的能量品。

如果你想赢在 8 小时之外，那么除了睡眠时间，你要牺牲的还有享受美味的时间。这段时间的牺牲并非让你饿着肚子与客户谈判，而是将其利用起来，不要单单为了吃饭而吃饭。一项数据显示，世界上 80% 的成功谈判都是直接或者间接在饭桌上完成的，可见饭局促成成功谈判的几率有多大。

有人曾总结过，部分成功人士极善于利用饭局来经营人脉。早中晚，只要是吃饭时间，他们都不浪费。据说，靠一顿宴请来说服犹豫不决的立法人员投自己一票，历来是美国白宫政客们惯用的手法。

诺罢·拉文在做每周计划的时候，首先会确定要与哪些人见面，然后每个星期都会安排四个早餐、四个午餐和两个晚餐来与那些人洽谈业务。在他所邀请的那些人中，有的只是朋友，而有的却是和工作相关的某些有影响力的人。如此计算，一周下来，他便比正常人多出了 10 次与人正式交谈的机会。一周尚且如此，一个月呢？一年呢？

生活中普普通通的你，可能认识的人不多，但利用吃饭的时间缔结友谊却几乎是人人都采用的一种方式。其实，首次会面重在沟通感情，俗话说"吃人家的嘴短，拿人家的手短"，那些与你一同进餐的人或许在不久的将来就会为你带来意想不到的收获。

最大限度地"牺牲"所有的时间，让那些时间都过得有意义。假设你利用这两段挤出来的时间做成了某件事情，你会立刻爱上那种感觉。做一个海绵宝宝吧，把自己有限的时间挤一挤，压缩一下；春去秋来，有一天，你会微笑着挺立在金色的夕阳下，看硕果累累。

间隙中的不息意识

马克思的女儿爱琳娜曾经说过:"恩格斯的多方面的才能也是令人惊异的。他精通自然科学、化学、植物学、物理学、语言学、政治经济学以及战术。"恩格斯还能用十多种外国语谈话和写作。

恩格斯一生工作那么繁忙,理论工作那么艰苦,哪有那么多时间涉猎各门学科?他的方法之一,就是利用工作时的点滴间隙时间,抓紧学习,并且一直坚持下去。就是凭这种"不息"的精神,使自己成了一位知识渊博的大师。例如 1848 年欧洲革命失败后,恩格斯乘船从热那亚赴英国,利用空闲机会每天写日记,记录太阳的位置、风向和海潮的变化,学习和掌握航海知识;特别是在革命失败的日子里,马克思和恩格斯流亡伦敦,两人都没有职业和收入,生活没有着落。为了帮助马克思,从 1850 年开始,恩格斯在父亲与人合伙办的欧门—恩格斯公司当办事员,直到 1870 年退出公司,他整整干了 20 年。在这 20 年里,恩格斯就是利用这种"间隙",在马克思写《资本论》时,在经济理论的各个领域给马克思当参谋、提建议、写说明材料。在《资本论》第一卷出版后,恩格斯又用评断的方式把马克思的观点介绍给读者。在该书出版的半年里,恩格斯就写了十来篇评价文章,代替马克思为《纽约每日论坛报》撰稿。例如,总结 1848—1849 年德国革命的名著《德国革命和反革命》这组文章,一共有 19 篇文章是恩格斯晚上赶写出来的;此外,他还积极钻研军事理论,学习外语,研究自然科学、历史等。

你比别人差的不是时间,而是自我管理

有人说："人的经验、知识是从一点一滴积累的；人的觉悟是一步一步提高的。没有一点一滴的积累和一步一步的提高，是不可能突然之间就成为一个能干的人。"

又有人说："怎么好，一是钻，二是恒。一门一门地钻研，当然最好。例如每天抽出一个小时，专学历史，一年之内，总会把中国历史读完，然后再学别的。再一种就是'广种薄收'的方法，把每天在看报、看书、工作、生活中接触到的不认识的字、不懂的词、不知道的事物，记下来，晚上查看工具书；一天认一个生字，学懂一个生词，一年就是三百六十五个。一年一年积累起来，就能学到不少知识。"

不息的意思：一是要持之以恒，不要三天打鱼两天晒网；二是学习要有系统性。恩格斯认为"自学通常是空话，如果不是系统地钻研，那就得不到任何重大成就。"

恩格斯在业余时间研究军事理论时，就按照自己拟定的参考书目有计划有目的地学习。通过长期认真地学习，恩格斯终于成为卓越的军事家。他不仅揭示了产生战争和武装力量的历史条件，而且通晓了各个兵种的战术、战略、军队的组织、指挥机构的建立、供应系统、武器技术等专门知识。在1870年的普法战争时期，恩格斯发表了近60篇《战争短评》，在伦敦引起了一次又一次的轰动。在1870年7月26日的短评中，恩格斯不仅预见到法军的失败，而且准确地预见到了事件发生的地点。恩格斯靠20年的间隙不息地业余钻研，使自己成为伟大的军事专家。

前苏联著名作家格拉宁说过："可以说，一个人珍惜每一秒钟，并使每一秒钟都过得很有意义，同时又把这看成是一种自然而然的现象，那是最为困难的一件事。"难就难在"每一秒钟"和"自然而然"。挤时间的办法很多，而且挤时间的办法要因人而异，问题不但是要利用工作的间隙挤时间，而且要养成习惯，一直坚持下去。缺乏毅力，爱计较小事，念念不忘个人得失；在一些生活小事上求全，陷于一些无意义的纠纷，办事拖拉，等等，这些都会使时间流逝，是挤时间学习的大敌。

学会挤时间吧！无论你是风华正茂，还是两鬓斑白；在前进的征途上是一帆风顺，还是偶遭挫折；已经取得了初步的成果，还是刚刚起步，请无论如何别放过生命的每一秒钟，别忘了在生命的征途中，珍惜点滴时间，使自己成为利用"间隙"自强不息的能手。

生病不是好事，但却能获得大量平时难得的学习时间。魏格纳是在卧床时，对挂在墙上的世界地图提出了疑问，为什么南美大陆的东海岸与非洲大陆西海岸的形状这般相似？莫非两者曾是连在一起的？思索、研究的结果，让他创立了"大陆漂移"理论，而他也成为地质学现代活动理论的先驱。还有，达尔文的《物种起源》，就是与疾病搏斗的胜利的结晶。他说："对于科学工作的热心，使我忘却或者赶走了我日常的不适。"爱因斯坦从他68岁的以后的几年，一直到1955年76岁逝世这段时间里，他不断被病魔所缠，先是患肠道病、肝脏病，最后又加上主动脉壁变弱。他在苦痛中生活，常常为剧烈的疼痛所折磨，但他却仍然快乐、安详，全然不以自己的疾病和不久人世为意，仍继续工作着。一个星期天的夜里，几页手稿放在他的床边，其中就包括统一场论的那些方程——这是他研究了四十余年之久却一直未见最终结果的东西。他指望他能够在第二天足以摆脱病痛，好把他的这些研究工作继续下去。不料，在星期一的清晨，他的主动脉破裂，他竟阖目长逝了。

法国著名文学家罗曼·罗兰说过："天才免不了有障碍，因为障碍会创造天才。"这话很有道理，古今中外的不少科学伟人、文学巨匠、发明大师，就是因为患了顽病或残疾之后，转换了原来的目标，而奋发成名的。如在中国，古代著名医学家皇甫谧中年时，患了半身不遂，于是，他攻读医书，研究针灸疗法，不但用针灸治好了自己的病，还写出了医学巨著《针灸甲乙经》。在国外，著名音乐家贝多芬中年失聪，但他不但写了大量交响乐，还成为一代名师。

当然，在病痛中挤时间，在残疾时下苦功，需要勇气，需要毅力，更需要坚强的信念和崇高的生活目标。法国著名文学家巴尔扎克晚年，不顾疾病折磨，全力以赴完成巨著《人间喜剧》，直到濒临死亡之际，仍向医生探问自己还有多少时间："半年总还可以吧？就是六个月，啊？……六星期如何？至少六天总可以吧？我还能写个提纲，还能把已经出版的五十卷校订一下。"但医生却劝他马上写遗嘱，因为估计巴尔扎克最多能活一两天了。巴尔扎克年轻时发过誓："哪怕把我累死，我也要一鼓作气干到底。"

不变的时间，变化的效率

人们不论干什么事情，都讲求效率。效率高者，事半功倍；反之，则事倍而功半。

历史上凡是事业真正有成效的人，工作和学习时总是注意力高度集中，甚至达到如痴如醉的程度。

例如，居里夫人小时候读书很专心，完全不知道周围发生的一切；即使别的孩子为了跟她开玩笑，故意发出各种使人不堪忍受的喧哗，都不能把她的注意力从书本上移开。有一次，她的几个姊妹恶作剧，用六把椅子在她身后造了一座不稳定的三脚架。她由于在认真看书，一点也没有发现头顶上的危险。突然，三脚架轰然倒塌，居里夫人也摔倒在地上，但手中还捧着书，脸上一片茫然，以为发生了地震。

这样的例子还有很多。例如，大科学家牛顿把怀表当鸡蛋煮；黑格尔思考问题时，竟然在同一地方站了一天一夜；爱因斯坦看书入了迷，把一张价值 1500 美元的支票当书签丢掉了。

怎样使注意力高度集中呢？一个必要的条件，就是使刺激引起的兴奋强烈起来。爱迪生在实验室能两天两夜不睡觉，可是一听音乐便会呼呼大睡。可见，注意力与兴趣有着直接的关系。

古语说："书痴者文必工，艺痴者技必良。"注意力的聚集所迸发出的智慧火花，点燃了科学史的引擎，又推动着事业的前进。学会使自己的注意力高度集中，提高时间利用率，是自己学有所长的一个重要方法。当然，由于工作性质的不同或是学习是在业余时间进行的，长期把注意力集中在一个方面不可能，那就需要把注意力恰当地分配，同时注意几个方面。这样可能吗？当然可能。爱迪生从 1869 年到 1901 年，正式登记的发明有一千多项，有许多发明是同时进行的，而且各个项目在进行中又是互相交叉、互相启发的。有的专家认为，一个人在一段时间内能平行进行的项目，最多为七项。怎样分配自己的注意力呢？一种是"阶段性突击式"的分配方法，即在一段时间里集中注意力从事一个项目。另一种是"课程表式"的分配方法，它是一种每天有节奏地在不同时间里，进行不同的工作方法，如同学校的课程表一样。

零碎的时间，做零碎工作

争取时间的唯一方法是善用时间。

把零碎时间用来从事零碎的工作，从而最大限度地提高工作效率。比如在车上时，在等待时，可用于学习、思考、简短地计划下一个行动等。充分利用零碎时间，短期内也许没有什么明显的感觉，但长年累月，将会有惊人的成效。

世界上真不知有多少能建功立业的人，只因为把难得的时间轻轻放过而默默无闻。

滴水成河。用"分"来计算时间的人，比用"时"来计算时间的人，时间多 59 倍。

根据维吉尼亚大学精神病学系一博士所说，人所需要睡眠长度的不同，似乎和新陈代谢、秉性，以及从白天活动中得到的乐趣有关。他说："做无聊而令人厌烦的工作，会使人用更多的睡眠，来避免面对每天冗长而乏味的例行工作。因此，我不会要求每一个人都制订一个同样的睡眠时间表，但是大多数的人就是比平时少睡很多，仍然能够过得不错。"

还要该注意到的就是有些情况，会影响人的睡眠。例如，在感到特别有压力或生病的时候，人就会需要更多的睡眠。

很多成功的人认为他们成功的一项重要因素，是他们遵从了富兰克林的建议而获得更多时间。富兰克林的建议是："懒人睡觉时，你要刻苦奋进。"

例如，希腊船业巨子奥纳西斯常常在清晨五点钟就起床了，并且认为这个良好的习惯帮助他成功。新奥尔良著名的欧吉斯纳诊所的阿尔顿·欧吉斯纳博士，发现他一天只要睡4个小时就足够了；而著名的心脏外科医生麦克·戴贝克也有同样的发现。他们两个人都采取一种只睡4小时的做法，但是白天如果觉得疲倦了，就小睡5 ~ 10分钟。工程师、设计师富勒曾经采取每6个小时睡半小时，24小时合起来只睡2个小时的做法，实行了一阵以后，因为有碍业务，才放弃了这种做法。

当然，这些都是特殊的人。如果你只睡6个小时仍然觉得很好，那就不必睡8个小时。一天节省两个小时，星期一到星期五就节省了10个小时；每个月就是四十多个小时——每个月比别人多一个星期。

如果认为这样野心太大了，那么想想看每晚少睡1个小时会怎么样？结果等于是一年比别人多6个星期，以一生工作时间来算，就是多5年。

所以我们需要的是：起来工作吧！

在大都市，人们每天用于上下班路途上的时间是非常可观的。据了解在美国上班时间平均单程是22分钟，而在人口一百万或更多的大城市，32%的人住在距离上班地点35分钟车程的地方。

很明显的，有两方面值得我们考虑一下：

一、是否能缩短交通时间？

威尔克先生开车上班35分钟。他的朋友布朗先生住在距离上班地点只有15分钟车程的地方。威尔克先生并不觉得其中的差异有什么特别意义——"只多些距离而已，早已习惯了。"但是我们来算一算，20分钟的差异表示一天40分钟，一个星期三个半小时。以一个星期工作40小时来计算，在上班路途上，威尔克先生一年要比布朗先生多用4个星期的时间。

在选购房屋的时候，上班时间当然不是最重要的考虑因素，但只有5 ~ 10

分钟车程的差异，长年累月积聚起来，差异就大了。能源危机倒是能刺激每一个人，更认真地长远考虑上班距离。

二、是否能有效地利用交通时间？

听车上收音机任意播放的节目，并不是利用这段时间的最好办法。更有效的运用包括：在早晨业务汇报之前，把有关事项先想清楚；分析业务、私人问题或机会；在心里为一天的工作先计划一番。不过，听听新闻甚至音乐，也都是利用这段时间的好办法。

重要的是避免由惰性或习惯来决定如何利用上下班的时间。

要有意识地决定在这段时间里，把注意力投注在什么方向，我们就会惊异地发现，不浪费这段时间会获得多么宝贵的益处。

不要把一些短暂的时刻（约了一起吃中饭的人迟到时，或在银行排队，向前移动缓慢时）视为虚耗掉的时间，而要当成意外的收获，可做一些平常要延缓去做的某些事情。

推销员常常发现在接待室等待和顾客面谈的时间，足够他办完所有纸上作业：写一份和上一位顾客面谈的报告，写给顾客以及可能成为顾客的人的信件，计划以后拜访哪些人，填写支出费用报告等。每一个人都能找些适当的小工作，利用这种零碎时间来完成，只要把必备的表格或资料带在手边就可以了。

不要认为这种零碎的时间，只能用来办些例行纸上作业或次优先的杂务。最优先的工作也能在这少许的时间里来做。如果把主要工作分为许多小的"立即可做的工作"，我们随时都能有费时短却重要的工作可做。

因此，如果时间因为别人没效率而浪费掉了，要记着：这还是自己的过失，不是别人的。

对一名速记员或对一部录音机口授，哪一种情形更有效，永远没有令每一个人都满意的答案。有些人对着一支冰冷而没有人性的麦克风口授，总有一种心理上的障碍，因为他们宁愿对着一个人讲话。许多速记员花了很多小时克服修正速记的困难，对于录音盘、录音带当然会表示出一种敌意。

利用录音机的好处是非常明显的。它能让我们用自己的能力来口授，必要时我们也能停下来，有充裕的时间去查询资料或组织我们的想法，而不会浪费别人的时间。例如，威廉·伯克莱二世一个星期接到大约六百封信，大部分都由他亲自回复，其中有不少信是他在开车上下班的途中想出来的。

假定你是一位尽责的职员，而目前公司却没有足够的重要工作让大家都忙起来。那该怎么办？为了觉得自己很有用处，就开始找些多少有一点价值的工作做。你可以安排一次意见调查、准备一次测验、修改政策手册、重新组织档案系统、改变标准人事表格、制造一些烦琐文件、设计一个委员会、召集一次会议，以及任何足以使你和别人看不出自己根本没有什么要忙的事。

所有这些骚乱和无事找事，都是因为机构里有太多的人员。在一个精简的机构里，大家因为都太忙了，而不会去弄出无足轻重的事。

这个理论是有一些道理的，约一个人一同吃午饭是能够有效利用时间。不过，大多时候会产生相反的效果。包括路上的时间，一共用去了两个小时，通常还会使你吃得比平时多（还可能包括一两杯酒），以至于下午精神不济。这通常也会使你用了两个小时的时间，只做了可以用二十分钟做到的事。

更好地利用时间，通常是一份轻松的午餐、轻松地走一段路，甚至于小睡一下，如果你能这么幸运。

很多人发现把午餐时间延误到一点钟或一点钟以后，而用正午时间来办事效果更好。在大多数的办公室里，这段时间的电话等于零，干扰要比较少。而在大家赶着吃饭的时间过了以后，再到饭店去，能得到比较快的服务。

保护自己的周末。除非有紧急情况，否则不要让工作延长到周末。

　　周末运动、轻松一番，完全远离办公室或工厂的事务，能有助于有效运用下一周的时间；如果偶尔计划出一个长的周末，那就尽管去度一个长的周末。

　　计划如何运用自己的周末，不要总是来了就接受，否则会让自己不知所措。为周末拟定出一些特别的计划，能提高这一周的工作士气，刺激起要把一周工作做完的兴趣，使工作不会干扰到周末的计划。

　　更重要的是，要认识到今天是我们唯一能应用的时间，过去已经一去不回，未来只是一种观念。这个世界上每一件事情的完成，都是由于某一个人认识到今天是行动的时间。

　　一位哲学家说过："昨天是一张兑过注销的支票，明天是一张期票，今天是手上的现金。应用它吧！"

你比别人差的不是时间，而是自我管理

计划中的每分每秒

人人都渴望成功，即便这种成功不是大富大贵，不是成为受万人敬仰的知名人士，不是成为名留千古的仁人志士。完成一天的工作也是成功，学习成绩达到自己的预想也是成功，克服掉自己性格上的一个缺点同样是成功。成功的定义千千万万，因人而异，不变的却只有一条：计划。计划是实现目标的唯一手段，是取得成功的坚实基础。倘若空有大目标而不懂得计划以便实现它，那么目标也是毫无意义的。

有人说："一等人计划明天的事，二等人处理现在的事，三等人解决昨天的事。"三个等级的划分，其中的差异不言自明。一等人的时间用在了明天，二人等的时间用在了眼前，三等人的时间用在了处理昨天遗留下的问题上。由此观之，时间在三个等级人的手中，发挥着不同的作用，达到的效果也是不同的。

在企业界有一句名言——其实它适用于任何领域："在计划上多花一分钟，在执行上能节省十分钟。"一个有效的计划能达到事半功倍的效果，同时能让时间不至于耗费在毫无意义的事情上。毫不夸张地说，计划是时间管理最重要的工具。

美国一作家说："计划就是把未来拉到现在，所以你可以在现在做一些事来准备未来。"着眼眼前固然不错，但没有长远规划亦不可取；而在树立长远目标后，没有计划则更是可悲。没有计划，你的付出等于"0"，你的目标也是"0"。

有四只很要好的小虫子，它们都喜欢吃苹果，每天它们的妈妈都会找苹果给它们吃。时间一天天过去，它们也渐渐长大了。于是，它们四个决定到森林里去找苹果吃，用自己的劳动所得喂饱自己。

第一只小虫子漫无目的地爬着，虽然它想吃苹果，可它根本不知道苹果树长什么样子。这一天，翻山越岭的它爬到了一棵苹果树下，但它并不知道这就是苹果树。茫然间，它看到其他虫子在往树上爬，于是它也成为大队人马中的一员。没有目的、没有方向，也不知道自己究竟要哪种苹果的它，只是单纯地爬着，更不知道自己要怎样去摘苹果。

它的结果怎样呢？或许幸运的它能够碰到一个又红又大的苹果，然后大快朵颐一番。也有可能在攀爬中，被树叶遮住前行的路，最后一阵微风让它摔在地上。像这样今天不知道明天在哪里、迈出左脚不知道右脚会踩上什么的日子，是否也是你生活的真实写照呢？

第二只小虫子经过了跋山涉水后，爬上了一棵苹果树，它比第一只小虫子聪明，起码它知道自己爬上的就是苹果树。而它也确定了它的"人生目标"——找一个大苹果。不过，它却不清楚苹果究竟长在什么地方。它想，大苹果应该长在大树叶上吧？于是，锁定目标后的它，努力地向上爬着，同时每次遇到分支的时候，时刻想着"大苹果长在大树叶上"，因此马上改变方向，选择较粗的树枝继续攀爬。

按照如此明确的目标，这只小虫子的确找到了一个苹果。当它张开嘴吃的时候，发现它找到的苹果是最小的，其他的枝干上有很多比它找到的大得多的苹果。这时，它有些后悔了，如果每次在选择时，锁定分支而不是较粗的树枝，那么结果就不会这样。相信你也曾在懊恼中，抱怨自己手里的苹果小吧！

第三只小虫子同样来到了一棵苹果树下，它的聪明远胜于前两只虫子。

为了找到自己想得到的大苹果，它特地研制出了一副望远镜。在攀爬之前，它首先用望远镜搜寻了一番，然后锁定了目标——一个又大又红的苹果。此外，聪明的它，发现从下往上找路会遇到很多分支，而且有不同的爬法。这只小虫子细心地观察了它选中苹果的位置，然后由上往下反推自己当时所处的位置，并牢牢记下了这条路。

一切就绪后，它按照计划开始爬树了。每次遇到分支时，它回忆着计划好的每一步，不慌不忙地朝着目标一点点爬去。它最终的结局应该是好的，因为每一步都被它计算在内，不会节外生枝。但事实上呢，由于它爬行的速度很慢，所以当抵达目的地时，那个被它选中的又红又大的苹果通常会被其他虫子占有；或者是等它抵达时，苹果已经过于熟透而烂掉了。可见，它的"自以为是"还是无法让它得偿所望。你是否也有过这种在精心准备之后，依然患得患失的经历呢？

第四只小虫子是一只非凡的虫子，它绝对没有特异功能，而是充分地利用了自己的聪明才智。它知道自己的目标是大苹果，也知道苹果何时会长大。所以拿着望远镜搜寻时，它看中的不是已经熟透的诱人的红苹果，而是一朵含苞待放的苹果花。它谨慎地计算着自己的爬行速度与苹果成长速度之间的关系，以便让自己抵达的时候，恰能赶上苹果成熟。如此计划可谓是天衣无缝，这只小虫子必然能够到达它所选定的目的地，进而如愿以偿。

如果不想让你的目标是"0"，就不要让你的计划苍白。可以看出，四只小虫子最终有着不同的结局。前三只小虫子都"跑偏"了，你一定希望自己是第四只小虫子。

那么，你有一个明确的奋斗目标吗？你曾为你的目标计划每一步吗？从现在开始，立刻行动起来，让目标和计划完美地配合，然后分秒必争地去实现你的未来。

人的一生就是和时间竞赛，时间是直线向前的，是稍纵即逝的；如果你做不了它的主人，那么它就会做你的主人。在竞争日益激烈的今天，谁能做时间的主人，谁就能在最短的时间内，做出最大的效益，真正优秀的人也是一个善于把时间运用到极致的人。

时机不会总是刚刚好

信息时代，抓住机遇，获得成功更是讲究时间了。时间就是生命。时间就是金钱，时间就是成功。谁能够最先产生好的主意，并将主意加以实施，谁先一步抢占市场，谁的收益就大，利润就高。

有时，同样一个机遇既可以属于你，也可以属于他，这就有一个看谁捷足先登的问题了。

捷足先登，靠速度，所谓兵贵神速。《孙子·虚实篇》说："凡先处战地而待敌者佚，后处战地而趋战者劳。"这是说，凡先到达战地等待敌人的，就从容主动，反之，仓促应战的就疲劳被动。

有人把机遇比作搭车，这一班车来了，一定要抓紧时间，赶快挤上去。至于下一班车什么时候到，只有天晓得，也许永远搭不上了。

人生，就是由无数个机会怪圈组成的长链。假如速度再快也赶不上这一班车了，怎么办？通常的回答是：岁月蹉跎，人生短暂，朝如青丝暮成雪。当我们发现自己的鬓角冒出几缕白发时，这一生便等得差不多了。

搭不上车为什么一定要坐车？可否跑步赶去？可否抄近路？（有时候抄近路比坐车还要来得快）自己没有能力买汽车，为什么不能买轻骑？三十六计，走为上，等为下。我们要把别人用来等待机会、抱怨命运的时间，都用来完善自我，锤炼自我。一个人也许不能创造客观的机遇，不能驾驭别人，但为什么不能学会驾驭自己呢？无力驾驭别人不足为奇，也不可悲；但驾驭不了自己，实在是让人遗憾。不是机遇钟情于谁，也很难说是社会扼杀了谁，因为在所有的时候、所有的环境下，总会有出类拔萃者。作为个人，我们要常常自问：别人行，我为什么不行？

居里夫人说："弱者等待时机，强者创造时机。"这真是一句至理名言。

在一报纸上，曾经记述了林语堂博士当年的一段故事：

"机会难再"，即使它肯再来，光临你的门前，但假如你仍没有改掉你那徘徊瞻顾的毛病的话，它还是照样要溜走。有一天，一位先生宴请美国名作家赛珍珠女士，林语堂先生也在被请之列，于是他就请求主人把他的席次排在赛珍珠旁边。席间，赛珍珠知道座上多系中国作家，就说："各位何不以新作供美国出版界印行？本人愿为介绍。"

座上人当时都以为这是一种普通敷衍的说辞而已，未予注意，独林博士当场一口答应，归而以两日之力，收集其发表于中国之英文小品成一巨册，并送给赛珍珠，请为斧正。她因此对林博士印象至佳，其后乃以全力助其成功。

据说，当日座上客中尚有吴经熊、温源宁、全增嘏等先生，以英文造诣而言，均不下于林博士，如他们亦若林氏之认真，而亦能即日以作品送给赛氏，则今日成功者未必为林氏也。

由这段故事看来，一个人能否成功，固然要靠天才、要靠努力；但善于创造时机，及时把握时机，不因循、不观望、不退缩、不犹豫，想到就做，有尝试的勇气、有实践的决心，这许多因素加起来才能造就一个人的成功。所以，尽管说，有人的成功在于一个很偶然的机会，但认真想来，这偶然机会能被发现、被抓住，而且被充分利用，却又绝不是偶然的。

因循等待是人们失败的最大原因，所以"弱者等待时机，强者创造时机"。所谓"创造时机"，不过是努力加上自己的这万千分之一的力量，希图把"机会"的运行造成有利于自己的一刹那而已。林语堂博士的故事，就是一个最好的证明。

另外还有一个广为流传的故事。

有位知名哲学家，天生一股特殊的文人气质。某天，一个女子来敲他的门，她说："让我做你的妻子吧！错过我，你将再也找不到比我更爱你的女人了！"哲学家虽然也很中意她，但仍回答说："让我考虑考虑！"

事后，哲学家用一贯研究学问的精神，将结婚和不结婚的好坏所在，分别列下来，发现好坏均等，真不知该如何抉择。于是，他陷入长期的苦恼之中，无论他找出什么新的理由，都只是徒增选择的困难。最后，他得出一个结论——该答应那女人的请求。

哲学家来到女人的家中，问女人的父亲："你的女儿呢？请你告诉她，我考虑清楚了，我决定娶她为妻！"女人的父亲冷漠地回答："你来晚了十年，我女儿现在已是三个孩子的妈了！"

哲学家听了，整个人几乎崩溃，他万万没想到，向来引以为傲的哲学头脑，换来的竟是一场悔恨。尔后，哲学家抑郁成疾，临死前，只留下一段对人生的批注——如果将人生一分为二，前半段的人生哲学是"不犹豫"，后半段的人生哲学是"不后悔"。

机会稍纵即逝，所以，要把握时机确实需要眼明手快地去"捕捉"，而不能坐在那里等待或因循拖延。

徘徊观望是我们成功的大敌。许多人都因为对已经来到面前的机会没有信心，而在犹豫之间把它轻轻放过了。有车搭则搭车，无车搭则走路。抄近路，或骑摩托，甚至自行车，要不就走过去。去不得雁荡山，也不必痛苦和嫉妒；尽快修正目标，不妨去天姥山、武夷山。条条道路通罗马，一路风尘自潇洒。

简言之，要快速、要有度、要机智、会应变。

千万别错过"今天"

时间在飞逝。如果办事拖拖拉拉，那就不可能在事业上有任何成就。体育界有句名言："既要上场比赛，就要力争优胜。"

凡事拖不得，而戒"拖"的妙方，就是学会如何同正在想溜走的"现在"打交道。在每个人生命的长河里，都泛着分分秒秒光阴的波浪，它们稍纵即逝，却又"法力无边"，能把你推向成功的彼岸，也会引你触礁覆没在险滩。时间中唯有"现在"最宝贵，抓住了"现在"，即抓住了时间，成功就会向你招手。而"拖"却是影响你抓住"现在"的最大障碍，就像你成功航线上的礁石。有的人经常为一种不可名状的期待所困扰，总觉得来日方长，"现在"无足轻重，只有"未来"，才会有无限风光。对于这种"现在"只是"赊账"，"未来"决定一切的观念，我们要坚决予以杜绝，记住人生苦短，真正做起事情来，时间永远显得那么少。

所以，我们不但要研究如何合理安排时间，提高时间效能，还要研究怎样才能不浪费时间，这才是研究时间管理的目的。

工作，是十分艰苦的劳动，需要的是勤奋，懒惰的人将一事无成。须知知识财富有个特性，不经过自己艰苦的思维活动，就不能成为自己的东西。中国古时候有一个懒文人，怕读书费脑筋，就把书烧成灰，包在饺子里吃下肚去，以为这样就是读书的最好方法。到应考时，他预先请人把试卷写好，如法炮制，吃进肚里。你想，他即使烧掉国家图书馆的书，都吃到肚子里，

你比别人差的不是时间，而是自我管理

又有什么用呢?

如果你要想成功，就一定要戒懒；否则，多么好的设想、计划，就宛如细小的泉水滚落积水深潭一样，难得再奔跃向前。那么，所谓成功、攀高峰也只能是一句空话。

要 100% 认真工作，第一次没做好，同时也就浪费了没做好事情的时间。返工的浪费，最冤。

上班时浪费时间最多的是时断时续的干活方式。不只是停顿下来本身费时，而且重新工作时，还需要时间调整情绪、思路和状态，才能在停顿的地方接下去干；而有头无尾，更是明显的浪费。每个人都要树立"今天"的观念。

就在今天，我要开始做这件事!

就在今天，我要完成这件事!

就在今天，我要克服掉自己的某个缺点!

就在今天，我要让自己的身心健康!

就在今天，我要让人喜欢!

就在今天，我要给别人带来幸福!

就在今天，我要成功!

就在今天，我要活得很精彩!

我只有今天!

如果每个人都能抓住今天，那他一定能抓住成功。

如果说，漫长的人生就是金链，它以分、秒、日、月、年环环相连，那么爱惜了分分秒秒，就是珍惜了人生。凡是在事业上有作为的人，无一不是珍惜时间的人。

如果说商人在金钱上计较一分一厘的个人得失，那么治学者则是在时间上计较一分一秒的事业得失。古今中外不少有成就的科学家，爱惜时间真是到了"发疯"的程度。无论发生了什么事，也不能使他们闲过一日。爱迪生在1871年圣诞节结婚那天，刚行罢结婚典礼，他突然想出了个解决当时还没试验成功的自动电报机问题症结的点子，便悄声对新娘玛丽说："亲爱的，我有点要紧的事到厂里去一趟，待会准时回来陪你吃饭。"新娘一听，心里不太乐意，一看他那紧张样，只得无可奈何地点了点头。他这一去，到晚上也不见影。直到半夜时分，有人去找，见厂里点着灯，隐隐约约有人影晃动，进去一看，看见爱迪生在那儿聚精会神地干活，不禁脱口喊出来："啊呀！你这位新郎官，原来躲在这儿，害得我们找得好苦啊！"爱迪生大梦初醒，忙问："什么时候了？""都到十二点啦！"爱迪生大吃一惊，"咚咚咚"往楼下奔去，一路跑，一路说："糟糕！糟糕！我还答应陪玛丽吃晚饭呢！"对于不叫一日闲过的爱迪生来说，结婚这一天也不肯放过。

"无穷岁月增中减"，过去一天，剩下的日子就少一天；长大一岁，寿命就缩短一年。但是，有的人不是不叫一日闲过，而是日日闲过，认为今天过去还有明天，明天、明天没有完。他们到头来，只能像"明天老人"那样对镜自叹："镜里但见鬓如银，虚度闲掷七十春，只因常立明天志，一生事业付儿孙。"

"不叫一日闲过"，对于年轻一代人来说，尤为重要。我们不能一味地叹岁月之虚掷，感年华之流逝，让宝贵的时间，在踟蹰中白白地流过。人生易老，时不我待。必须抓紧每一天，才能使生命之光闪耀异彩，才能在白发苍苍的时候，理直气壮地回答：我没有虚度年华。

有人藐视一天的价值，以为不足道，认为稀里糊涂地过一天也无所谓。殊不知，没有一天，哪来一生。

把数学上的"正"与"负"，运用在自我检测上，可以检查出自己是否做到日有所学，日有所进。一位名人讲过："青年时谁在睡下时，不想想一天中学会了什么东西，他就没有前进。虽然日常工作很多，你们必须好好组织自己的工作，要找出时间来考虑一下一天中做了些什么：是正号还是负号？假如是正号——很好，假如是负号，那就要采取措施。"我们不妨把在一天中，工作有成绩看做"正"，没有成绩看做"负"。在每天睡下时，一想一问，那会大有好处。人们通常在扪心自问中，看到了自己的进步，发现了自己的不足。是"正"号，更上一层楼；是"负"号，奋起直追。这一问，能问出雄心，问出进步，使自己在学习上，只有日进，不会日退。

　　"一日工作是一日功，一日不工作十日空。"

　　我们工作，不仅要有长期计划，而且要有短的安排。这个安排，就是工作定额，工作定额是工作计划的具体步骤。假若没有定额，工作松松垮垮的，造成时间上的极大浪费，到头来，工作"计划"变成了"空话"。有了工作定额，就能统筹安排，形成制度；培养良好的工作习惯，逐步完成工作计划。

　　定额，一经制度化，就要立即付诸实践；不能学学停停，一定要自觉培养每天完成工作定额的习惯。

　　每天完成工作定额的习惯，要靠高度的学习自觉性和坚韧的毅力来保证。

　　"明天"，是勤劳最危险的敌人。任何时候都不要把今天该做的事搁置到明天。要养成习惯，把明天的一部分工作放在今天做完。这将是一种美好的内在动力，它对整个明天都有启示作用。着手完成每日定额也是一样，任何时候都不要把计划在今天做的事放到明天。

磨蹭等于白做计划

拖延是指一个人办事磨磨蹭蹭，将该做的事情延误，或者为了赶在最后期限完成而被迫匆忙达成，使完成的质量欠佳。当你在拖拖拉拉办事的时候，你可曾知道，生命中最有价值的东西——时间，便已无情流逝。

1. 立即开始行动。

最典型的例子就是拖延做应做的事，通常总要在最后一两天，才急急忙忙开始动手。解决方法的关键是要认清在最后期限前完成工作会有什么好处。这里一个明显的好处，是将按时完成的工作从工作计划表中去掉。其实同样是完成工作，为何不选择轻松自如的方式，而非要匆匆忙忙、提心吊胆地无法准时完成呢？

只要你开始逐步进行，你就会发现，其实完成工作并不是十分困难的。你还会发现，逐步完成工作会带给你诸多好处。如晋升、加薪和其他各种良机。

另外，及早动手，就会有更多的时间去处理意料不到的事情，获得更多的资料，或做其他更需要你去做的工作。假如最后期限是明天，而你又非要等到最后一分钟才动手，那么，上述那些额外工作就会使你的工作速度减慢，甚至错过最后期限。

明日复明日，明日何其多，我生待明日，万事成蹉跎。

2. 不要害怕出错。

谁都想把事情做好。然而不幸的是，要完成一件事情，总需要冒一定的风险。在某些情况下，会出一两个错误。善于利用时间的人，能意识到这种情况。问题是你能否从错误中，学到一些有用的经验，以避免将来重蹈覆辙。

当你的自信心增长，你就有信心承担错误。不犯错误，并不代表你做得完美无缺；认真对待错误，你才能获得宝贵的经验，并将错误减至最小。

袁乔需要购买一台新的生产机器，但是，今年夏季的生意不景气，他想等秋季再买。

在袁乔的例子中，当他被告知如果他不在三十天之内购买那台新机器，那么，该机器的价格将上涨百分之七，这时，他便面临了一种危机。因为他的上司可能会责怪他的拖延，导致成本增加，影响他的晋升机会。不要拖延，拖延的结果，只会导致不良后果。若你只是等待，危机它最终会出现的。

3．立即行动，寻找更好的方法。

当你试图进行一项特别的工作，但是你发现你无法完成该项工作，这时，你有两种选择，一则继续蛮干下去；一则向了解情况的人请教。

有些时候你需要别人的帮助。当你能获得某种指导或帮助去完成工作时，为什么还拖延不去寻找？也就是说，你要向同事或者向具有实战经验的人请教。善于利用时间的人，都知道如何挖掘周围同事的知识和经验，以帮助自己更加准确无误地完成任务。

若你不能将自己的重要文件保管好，那不妨将你所有重要的文件存放在一个安全的地方。你也可以在附近的银行租一个保险箱，这是非常有效的节省时间法。

4．放弃完美。

世上真不知道有多少能成就功业的人，都因为把难得的时间轻轻放过，以致默默无闻了。试用"五到十分钟"的方法，即先占用五到十分钟的时间做做看，在一项工作上花这样短的时间，它会使你停止拖延，继续工作。拖延现象是由各种因素引起的，一个重要的因素就是缺乏信心；一旦你对自己的实力产生怀疑，你就更容易变得拖拖拉拉、迟疑不进。

所以你不妨针对自己的弱处加强，有了自信，你才能面对更多的考验，完成自己最重要的工作。

你常想，为什么工作未能如期做好，有些事情为什么不能做，有些人为什么总是消极怠工，等等。你将注意力过分地集中在为什么你不能做好自己的工作上，却没有认真考虑如何做好自己手上的工作。

你必须调整一下自己，选择对工作有帮助，并能有效助你实现目标的人一起工作。还必须接受以往工作中的教训，打开解决难题的新局面。为此，你可以制订一个计划，按计划完成工作。不要悲观地迟疑不前，必须要勇往直前，才能完成目标。

做任何事情都要求尽善尽美的人，通常替自己拟出很多不切实际的标准。由于某些工作、任务的消极或不利因素，他们就会拖延早该做好的工作。有句话说："胜利者失去的常常比失败者还多。"即使你对结局还没把握，也必须要开始这项工作，因为不管怎样，你都要试着去做。利益不会凭空而降，它是从你完成工作当中得来的，绝不会因为你没做而施舍于你。

5. 不能迁就。

你为会计改正了他的账目差错，而不是退给他自己去改；平时你还自己起草业务方案，而不是交给该负责的人去执行。

每个人都有分内该做的工作和责任，该是谁负责的，就必须由其承担。

对你周围的人进行职业培训是必要的。当你弄清你拖延的原因时，就要正式处理你应避免过分纵容的问题。

例如，一家大食品公司的业务经理在新上任时，许多下属常不断地向她提出一些他们自己就能解决的问题，而使她无法做自己的工作。她明白这些下属的行为是被上任经理惯坏的，所以，她允许这种状况持续了几天，然后便采取了行动。她分别将下属叫到她的办公室，告诉他们在今后的工作中，向她提出任何问题前，他们必须先提出自己的决定意见。

她还告诉他们，如果需要进行员工的职业培训，她将与公司培训部门协商举办一些讨论会。这使她的下属非常惊讶，但他们喜欢这种放手让他们自己去做的做法，同时也愿意接受职业培训，以提高他们的工作技能；特别是利用上班的时间，又是公司支付费用。这位经理向她的下属们表明她是关心他们的，但她对自己回答许多无谓问题浪费时间也是很认真看待的。所以，要放手让下属发挥工作才能，即使在开始时，需要对他们进行一些培训或占用一些时间，也是非常值得的。

不是做不好，而是不去做

大部分的人都喜欢拖延，他们不是做不好，而是不去做，这是失败最大的恶习。不行动，怎么可能会有结果呢？

一个人想成功、想赚钱、想人际关系好，可是从不行动；想健康、有活力、锻炼身体，可是从不运动；知道要设目标、定计划，但从来不去做，就算设了目标、定了计划，也不曾执行过；要早起、要努力，可是就是没有行动力；知道要推销，可是从不拜访顾客。就这样，很多人一天一天抱着成功的幻想，染上失败者的恶习，虚度着光阴。

每一个成功人士都是行动家，不是空想家；每一个赚钱的人都是实践派，而不是理论派。所以，我们立即行动，并从现在起，养成立即行动的好习惯。

立即行动是一种习惯，是一种做事的态度，也是每一个成功者共有的特质。

宇宙有"惯性定律"。什么事情你一旦拖延，就总会拖延；你一旦开始行动，通常就会一直做到底。所以，凡事行动就是成功的一半，而第一步是最重要的一步，行动要从第一秒开始，而不是第二秒。

从早上睁开眼睛那一刻开始，你就要行动起来，并一直行动下去。对每一件事都要告诉自己立刻去做，你会发现，你整天都充满行动力，这样持续三个星期，你就能养成立即行动的好习惯了。

拿一张纸写上"立刻行动"，贴在你的书桌、床头、镜子前，并贴满你的房间，你一看到它就会有行动力的。现在就做！

你比别人差的不是时间，而是自我管理

为了养成你马上行动的好习惯，请你大声地告诉自己："凡事我要立刻行动，立刻行动！"连续说 10 次，立即行动！只有不断地行动，才能帮你快速成长。是行动的人改变了这个世界，所以，善于行动的人才会在 21 世纪快速拥有自己的梦想。

企业管理就像竞赛，竞赛以快取胜，搏击以快打慢。军事先下手为强，商战已从"大鱼吃小鱼"变为"快鱼吃慢鱼"。跆拳道要求心快、眼快、手快，无论集体还是个人，唯有快速成长，才会永远立于不败之地，永远不会被淘汰出局。

大而慢等于弱，小而快可变强，大而快王中王！快就是机会、快就是效率、快就是瞬间的"大"，无数的瞬间构成恒久的"强"。

竞争的实质，就是在最短的时间内，做得最强最有效果。人生最大的成功，就是在最短的时间内，通过最快的成长达成最多的目标。质量是"常量"，经过努力就能做好，以至于难分良莠；而时间，永远是"变量"：一流的质量可以有很多，而最快的冠军只有一个——任何领先都是时间的领先！

我们慢，不是因为我们不快，而是因为对手更快。

盛田昭夫说："如果你每天落后别人半步，一年后就是一百八十三步，十年后即十万八千里。"

谁快谁就赢，谁快谁生存。在贝尔研制电话时，另一个叫格雷的人也在研究。两人同时取得突破，但贝尔在专利局赢了——比格雷早了两个钟头。当然，他们当时不知道对方，但贝尔就因为这 120 分钟而一举成名，誉满天下，同时也获得了巨大的财富。

谁快谁赢得机会，谁快谁赢得财富。

无论相差只是 0.1 毫米还是 0.1 秒钟——毫厘之差，天渊之别！

在竞技场上，冠军与亚军的区别，有时小到肉眼无法判断。比如短跑，第一名与第二名有时相差仅 0.01 秒；又比如赛马，第一匹马与第二匹马相差仅半个马鼻子（几厘米）……但是，冠军与亚军所获得的荣誉与财富却有天地之远。

全世界的目光只会聚焦在第一名的身上，冠军才是真正的成功者。第一名后面都是输家。

这样看来，大家的选择都是一样的：要么做得更好，要么被淘汰。在新的一天来临时，可不要再拿闹钟出气，还是对自己叫一声"加油"吧！

第 8 章

张弛有度　劳逸结合才能事半功倍

　　并不是工作时间越多，工作效率就越高，获得的利益就越大。在工作和忙碌的同时，我们更需要休息。在忙碌中，安排思考的时间。记住：别忙得连思考的时间都没有。

工作狂人变工作达人

我们之所以会工作繁忙，原因是我们做了太多没有生产效率的事，浪费了太多时间所致。"工作狂"的形成有两个原因：没有能力控制工作，因为我们没有有效地运用时间；没有制订工作的优先次序，手忙脚乱、授权不够、拖延等。

一位正在读一年级的学生问他母亲："为什么爸爸每天晚上都带着装满文件的公文包回家？"妈妈解释说："因为爸爸有太多的事要做，他在办公室里做不完，必须带回家晚上再做。""那么，"小孩子说，"他们为什么不把他放在益智班里呢？"

如果你是一位高级管理人员，也许你偶尔也会带些工作回家去做。这是你享受高层特权所必须付出的代价，当然有时也是正常的。不过，如果你经常把工作带回家，那一定是什么地方出了问题：可能是你计划做的事情太多，或者是没有有效地利用办公时间，还有可能是你有一种渴求同情的情绪，想使同事与家人认为你的工作是多么繁重。

当然，忙了一天后，要让你的情绪和身体都摆脱你的工作。除非某些紧急事情，否则晚上在家里完成公事会产生负面效果，不但会使你精力衰竭，而且还会疏远你的家人。在家工作的习惯也会减低你在办公室里把工作做完的动力，因为你会在单位里对自己说："如果我白天做不完这件工作，晚上还能回家继续做。"

这样做真是无益。还是两手空空地回家吧，让你的身心在得到轻松和愉悦的同时，也让你的家人与你分享幸福时光。

尽管实际上在所有的职业领域中，大部分人都长期超时地辛苦工作，但也有少数人每天只工作几个小时。例如作家毛姆，当大部分作家都长时间辛苦地伏案工作时，而毛姆每天却在早上9：30开始写作，到下午1：00就结束了工作。他在午餐前先喝一杯马提尼酒。午餐后，他就完全不做任何与工作相关的事情。

同理，尽管顾问、律师、工程师、医生和牙医都以长时间辛苦工作著称，但在这些职业中，并不是每个人都遵循这个定律。有一小部分人，每个星期只工作30~35个小时，而且也有着相当体面的收入。他们不是靠辛苦工作，而是靠开办自己的事务所和聪明地工作来实现这一点的。

通过保持较低的营业费用，把文书工作降到最低，有效地利用时间和资源，这些专业人士，只用其同行业人士1/2或1/3的工作时间，就能得到那些人80%的收入。此外，由于这些轻松的专业人士能正确地看待金钱和财产，所以与那些辛苦劳作的其他同行相比，他们能更好地控制自己的个人消费习惯。即使他们的收入稍微少一些，但实际上他们得到的财富却更多。

不要仅仅因为大部分人都削尖脑袋拼命地工作，你也就必须要削尖脑袋地工作。

那些没有必要的工作一般有两种情况：一是我们不去做那些真正该做的事；二是我们实在没有什么事好做，但是，我们必须表现得很忙的样子。在这个工作狂的时代，繁忙的工作已经是一种艺术形式。因此，在某些情况下，我们每天一定要花10~12个小时在办公室，是一个不可避免的现象。

当你开始减少工作而增加休闲时，你首先舍弃的是繁忙的工作形态。我们很难界定，什么样的工作，才是繁忙的工作。因为，每种工作对每种人来讲，都有不同的难易度；不过，即使你不想公开承认，你自己心里也有数，什么样的工作是繁忙的工作形态。我能告诉你的是，当你脱离繁忙的工作时，你的生活也会简单许多。这并不是因为你的工作量少了，而是由于你更能从工作中得到满足，从而提高工作效率。如果你在工作之前，就事先规划好一些事情的处理顺序，然后照着计划表进行工作，相信你的工作就不会再繁忙了。

我们通常会给自己制造许多老板也不会给你安排的不切实际的计划。总之，不管你每天工作 10~12 个小时，为的是自己或是别人，你都应该减少你的工作量；即使你只在每个礼拜的一两天中，减少 1~2 个小时的时间，相信必然会为你的工作带来更高的效率。

对于那些职业上班族来讲，他们会对工作沉迷上瘾，就如有些人会对饮酒吸烟上瘾一样。这种瘾头的症候包括拒绝放假，周末也不能把办公室的工作置之脑后，公文包里塞满了要办的公文，甚至忙得连孩子上几年级都记不清了。

做出很多成绩的人不一定都是工作狂，有很多人并不加班，也能取得很好的成绩。他们有几个特点：他们合理运用时间来实现目标，而不是只从工作本身得到乐趣。他们不让工作干扰生活中非常重要的事情。诸如会见朋友，与家人团聚，钓鱼等。因此我们不能称他们为"工作狂"。

一般来讲，"工作狂"的形成有两个原因：没有能力控制工作，因为他们不能有效地应用时间；没有制订工作的优先次序、手忙脚乱、授权不够、拖延等。他们具有一种潜意识，想让自己沉浸在工作里而不愿意出来。他们这样做，可能是想逃避不愉快的家庭生活，想使人产生同情，想显示出自己不可或缺，认为没有令自己满意和快乐的休闲活动等。

不论原因是什么，处于"工作狂"这种状况的人，显然只关注自己的"活动"——让自己一直保持忙碌，而不是"关心自己应该取得的成就"——把事情做好。对于这类人，他们可以通常求助，以帮助自己解决所面临的问题。不幸的是，许多人都不去请教心理咨询师、精神病医师或心理治疗医师，导致情况非常严重。

对那些刚刚沦为"工作狂"的人，他们可以通过自我治疗来解决问题。可以问自己几个问题：你一生的目标是什么，以及你现在所做的事情是不是真的能够使你向自己的目标前进？健康在你的生活中居于一种什么位置？这样辛苦地工作对你的健康是否会产生不利影响？这是不是你能接受的代价？你的家庭在你的生活中居于什么位置？你是否给予你的孩子和配偶足够的东西？你是不是欺骗了自己？你所作的牺牲真的是为了他们？

在你做出这些心理自诊以后，就要采取一些治疗措施。如计划在下周二约你的妻子或丈夫一同去饭店吃顿午餐，周末带孩子去动物园等。因为你欠了他们的，也欠你自己的。

放一放，在别处寻找灵感

　　太固执于一时无法解决的难题，容易产生垂直思考的弊端。举个水平思考解决问题的例子。

　　有一位债主向债务人讨债时说："不还钱没关系，拿你的女儿来抵债！"说着，便从地上黑白交杂的石堆里捡起两块石头来，狡猾地笑着说："来吧！我两手中有一边是黑石头，一边是白石头，你选一个。如果选中白石头，欠的钱可以无限期延期；如果选中黑石头，嘿嘿，就拿你的女儿来抵债！"

　　其实，债务人已清楚地看到债主拾起的两块都是黑色的石头。不论选择哪一边，都得立即还债，没有拒绝选择的余地……终于，债务人勉强地伸出手来指着债主的一个拳头，做了抉择。就在接过石头的时候，他故意不小心把石头掉到地上。地上满是黑白石头，谁也找不出到底哪一个才是掉下去的石头。这时，债务人一副抱歉万分的神情："对不起，我把石头弄掉了。你手中的石头是什么颜色的呢？"

　　结果很明显，因为留在债主手中的肯定是黑石头，债务人化险为夷了。如果债务人一味绕着"选或不选"的问题伤脑筋，是无法找出解决对策的，必须重新思考，才能从另一个角度发现解决的方法。

　　解决工作上的问题也是同样的道理，在垂直思考之外，也要加进水平的思考，才能找出解决办法来。所以，为了避免陷于垂直思考的僵局，在碰钉子的时候，不妨暂且搁置问题，让头脑静下来。切忌应付了事。

我们把前面所提的事项做个整理：

1. 遇上一时无法解决的难题时，不妨把它记录下来，暂且搁置一旁。

2. 把问题"存档"于潜在意识中，可以从别的事物上意外地得到解决的线索。

3. 切忌随便找个方法应付了事。

"记录问题"，不仅能留待日后找出好的方法，还有一项效用：当你把问题详细记录下来之后，由于不必担心忘记它，便能很放心地把它暂时从记忆中完全撤离，把脑子清理出一大片的"净土"，如此才得以安心地全力去做另一项工作。否则，虽然是搁置问题，但因为无法暂时遗忘而心有旁骛，做起其他的事来势必效率不彰、事倍功半。

据说，即使是已达上乘悟境的禅僧，打禅时仍不免会有若干杂念产生。许多禅僧因此在打禅时随身备妥纸笔，一旦杂念浮现便立即写下来。画此一笔，心便静下来，便不会为杂念所限，而能继续打禅。

为解决难题而撇下手边的其他工作是最不明智的举动。建议你把它记下来，让脑筋重回白纸的状态，以便全力进行其他的工作。

牺牲睡眠实在是极不明智的。因为，即使熬夜的时候能保持极高的工作效率，但就长远看来，其效果仍然不佳。更何况，走出校门之后，工作的压力远比学生时代要大得多，所以保持身体健康无论如何要列为第一考虑的要件。

我们重视最终的成绩，因此对于只求暂时效果的方法素来不敢苟同。把眼光放远，展望未来才是最重要的。

熬夜加班处理事务，固然可能对隔天的工作有益，但也可能因而影响了后天或是大后天的精神，降低了工作效率。所以从长远的角度来看，仍然不能算是有好的效果，因为它一定会在某处造成负面的影响。

上班族的生活就像马拉松比赛一样，如果在中途为了超越对手而乱了自己的步调，绝对无法取得好成绩。抵达终点时的成绩才是真正的成绩，只是追求中途的领先，只能满足自己一时的虚荣罢了。

而且，如果养成了集中工作时间的习惯，工作的步调势必不平均。因为心存"反正到某日做出来就可以了"的念头，做起来事来就慢吞吞地拖泥带水，效率低下。

我们向来反对为了工作不吃不喝，为了保持工作的高效率，最重要的就是集中精神；饥肠辘辘一定无法集中精神，有道是"皇帝不差饿兵"。但有些人确实是一忙起来，连肚子饿都感觉不出来。这种情形，每个月一两次还无所谓，长期如此就算是铁打的身子也会受不了的。

健康是做任何事情的最大资本，千万不能掉以轻心。失去健康，不仅生活的步调大乱，有时甚至工作也做不成了。如果只为了逞一时之能而造成长期的弊害，得不偿失。所以，为了保持马拉松般的步调，切莫空着肚子硬撑着做事。

空着肚子做事固然不好，吃得太饱也做不了什么事。因为血液过度集中于腹部，脑筋自然就会迟钝，与这个很类似的还有一种情形——喝酒。吃太饱或喝酒均会让身体状况异于平常，而导致脑筋反应迟钝。

休息是忙碌中的缓冲

人并不是机器，疲劳期是每人每天都会有的，如何能让自己在一天之中始终保持不变的激情和效率呢？每隔一段时间，我们就需要更换工作环境或工作方式，以此让疲惫的大脑得到喘息，才能始终保持新鲜感。

比方说，当你阅读大量文件而导致头昏脑涨后，不妨站起身在房间里来回走动，或者到室外呼吸新鲜空气，这都是缓解工作疲劳感的有效方法。再则，当不间断的用脑让你顿感头昏眼花时，试着到室外慢跑，同样能让你的精力恢复到清晨的阶段，让你更有劲头开展下面的工作。

也许你已经发现了，这其实是一种劳逸结合法。人类的注意力每集中一段时间后，就会涣散，而如果强行集中自己的注意力，不但会影响工作热忱，而且这对于提高工作效率也是没有益处的。因此，在你感觉疲惫的时候，换一个心情，让自己的大脑在紧绷之后慢慢放松，则将取得事半功倍的效果。

S先生的朋友打算去他姐姐家，为的是祝贺他姐姐的乔迁之喜，于是便委托S先生为其写几副对联。S先生接下这个艰巨的任务后，冥思苦想了好久也不能想出合适的对联。当时恰逢午餐时间，所以他一边吃饭一边苦想。

改变了思考的方式后，片刻工夫他便想出了几副对仗工整，又蕴含美好释义的对联。完成了朋友交给自己的任务，S先生长长地呼了一口气。他也发现，有时候冥思苦想于某事，倒不如"换一换"脑子，那样或许会有突如其来的灵感出现。

　　上述例子是一个真实的案例，反映出的道理不言而喻，也许你也曾有过那种经历，但灵光一现后却未曾留意，只把它当成划过脑海的幻影而已。你若能把这种灵光一现当成习惯，每每在面对一个难题时，不要一味地用一种方式去思考；换一个思路、换一个角度、换一种方式、换一个环境，也许会有个最佳的解决方案慢慢地浮出水面。

　　适当地放松精神，远比一心一意醉心在工作中好。当你大脑中的疲劳感被清空后，能存储其中的资源是海量的。

　　这个放松方式最早是日本的一位教授开创的。他在求学时的成绩很差，可他后来奇迹般地拿到了博士学位，而且最终还成为了教授。这都归功于他善于利用时间休息，而不是单纯去睡一会，休息一下。此外，充分利用闲暇时光的他还学习了飞行、小提琴演奏、书法、下围棋和外语。问及他为什么会取得博士学位并成为教授，且有那么多的闲暇时光做更多的事情时，他说："秘密就在休息上。"

　　假如你是一个普通的人，没有更高的理想，但也不能否认你还是有着一定的追求，只是追求的并非高不可攀的物质或者精神财富罢了，你同样需要好好管理你的时间，让你的时间被充分利用，让梦想燃烧。相信世界上没有哪个人不渴望卓越的，即便在一个小圈子里，你可能也梦想着成为焦点。那么，为何还只是做着如此高端的梦而做着低端的事情呢？何不马上行动起来，抱着试一试的心态去感受一下那一个个让你的时间变相延长的方法呢？也许，你会因此而获得一份"心"的喜悦。

　　具体来说，如果你是作家，那么写累了，出去慢跑一圈就对了；如果你是老师，那么走下讲台，远离人群不说话就是一种休息；如果你是运动员，坐下休息聊天就对了。这并非玩笑，"劳逸结合"就是这么简单。

好心态，高效率

在处理工作时，我们经常觉得既然开始做了，就要"贯彻始终"，否则就不够善始善终。其实这是要依情况而定的。如果你一直对这件事情很有兴趣，自然不会中途而废；如果你一开始做时就觉得心烦气躁，那你就要考虑换另一件"重要且该做"的事做，通过调节心情来调整进度。

有一个美国朋友，看书的时候从来不固定在同一个地方：有时在书房，有时阳光比较好就在日光浴室或是在后院的凉棚架下、附近的公园里，甚至开车到海边咖啡馆去读书。但他绝不在学校餐厅或图书馆读书，因为他不喜欢那种气氛。他这样说："餐厅里人多又吵，还会经常碰到朋友。图书馆给我的感觉是睡觉的地方，太安静了，我一进去就开始神志不清，怎么能专心读书？"

由此可见，好心情能带来高效率。那么就去尝试找寻自己的好心情吧。

试着把你所要做的事情列在一张表上。当你一件事做不下去时，可以从表上找出下一件要做的事，先去做它，完成之后再回头做前面的事情。如果你觉得没有一件事能让你静下心去做，那么你大概需要放个假，调整一下了。

或者把工作环境重新布置一下，增加一点新鲜感，就会有搬新家的感觉。或者把平日一成不变的工作时刻表改动一下。比如，把午餐时间推迟一小时，这样就不必和大家挤破头地抢饭吃，而且这一个小时也是办公室最安静的时候，没有电话也没有客户等你谈话，可以安安静静地做自己想做的工作。

你比别人差的不是时间，而是自我管理

　　如果一项工作已不能引起你的兴趣，但你又必须在有限的时间内完成它，这时候，你必须先让烦躁的心平静下来，想想你所要达到的目的是什么，并想象一下目标达成时的喜悦，然后你再重新开始工作（这点很重要，你不能一直带着一脸的傻笑不做事），心态平和地做完它。慢慢地你会发现，其实工作情绪不是那么难控制的。

　　很多人忙忙碌碌地过了一辈子，却从来都不曾从工作中获得乐趣。他们总认为是为了赚钱才不得不捧着这个饭碗。更有人甚至按照四季变迁换工作，他们不清楚自己到底要得到的是什么。

　　要保持高效率的工作水准，最重要的一点，就是学会怎样在工作中寻找乐趣。首先，你必须要找到适合你自己个性及兴趣的工作来做，就像让一个不爱讲话的人去做老师或推销员，可能会害他咬破舌头；而让一个脑筋灵活的人去做千篇一律、一成不变的录入员，用不了三个月他就要"发狂"了！

　　找到适合自己的工作后，接着就要思考：自己人生的大目标是什么？为什么要做这份工作？自己想从中获得的又是什么？寻找工作的意义，也就是寻找一种生活的信念，升级到信念的高度就会给自己一种崇敬工作的心情。

　　再好听的歌，唱上一百遍也会有点烦，更何况是每天要面对的八小时工作，那么就尝试着提高自己的士气。

　　努力在办公室里建立良好的人际关系，免得大家在一起工作时"相看两相厌"，影响工作的兴趣及效率。

　　试着看看能否在工作当中，找到一些能引起自己（或别人）发笑的事情。凡事不要太严肃，要尽力保持开朗的心情。有时讲讲笑话也是很不错的办法，但不能太贪心，凡事适可而止。

　　有了好心情，效率也就上去了。有些人很清楚自己想要的是什么，例如，有人是为了想改善经济状况而工作，因此"赚钱"对他们而言是最重要的事；

有人是为了累积经验而选择这份工作，因而"学习"才是他的主要目标。当你一心想要做成一件事情时，做起事来就会很快。

完美主义是很多人都容易犯的一个毛病，像这样的人总是认为事情要做到满分才是高效率的表现，但事实上刚好相反。有时候太专注于一个"点"，通常会牺牲掉整个"面"。如果用三小时能把一件事做到满分，但也能利用这么多时间去做三件只值七十五分的事，你会选择哪一个？

如果你是个讲究效率的人，你肯定会选择后者。当然，在一开始的时候，你会觉得很不适应这种做法，但只要想想，拿三件事抵一件事，听起来还是颇具成就感的。当然，不能一概而论，尺度要靠自己把握。

试着不要为自己预留太充裕的时间去完成一件事，最好维持在那种"吃不饱又饿不死"的忧患意识当中，这样你就不会有太多的闲时管闲事。当然，也不能把时间排得太紧太满，否则很容易因为工作压力过大而危害身心健康。

不要总是拿自己和那些出色者做比较，他们虽然在业绩上比你强，但不见得样样都比你强！每个人都有自己的优点，要量力而行。假如你把时间都浪费在你无法取胜的事情或无法击败的对手上，你失掉的东西会更多。

尽量多找一些自己所不擅长的事情来做，多感受一些挫折感。挫折感不但能帮助你进步，还能提醒你："自己既然不是如此完美，追求它又有何意义？"当然，如果你很不谦虚地认为自己是十项全能，就更不需要再追求完美了，不是吗？

你比别人差的不是时间，而是自我管理

恰到好处地放松

大部分管理人员都认可，在日理万机之余，让身心有适度的休息是必要的。常年在外旅行的天美时钟表公司最高执行长官，有个原则：在旅行时，前一天晚上安排和客户晚餐，后一天晚上休息。像这样把时间表的松紧做适度调整，值得决策者参考。那么，什么时候才是合适的休息时间呢？经验告诉我们：当你没有空休息的时候，就是你该休息的时候。

闲暇时间用于休息，这是十分必要的。由于现代大生产和高度社会化，工作节奏日益加速，人们在工作时常处于高度紧张状态，需要在休息时间更好地放松。休息是我们每一个人的生理需要，它能解除工作中的疲劳与烦恼，从而使我们以更大的热情与精力投入到工作中去。俗话说"磨刀不误砍柴工"，就是这个道理。

人的体内也有一只钟，这就是生物钟。这个无形的钟反映人的生理活动规律，它有自己的节律。人们每天要睡觉，这是生物钟运行的需要。如果到了休息时间不睡觉，到了起床时间不起床，会使生物钟走时失控，破坏人体正常的生理节奏。过度劳累与过度休闲有着同样的害处。过于疲劳，既损害健康，又无法提高工作效率；过于贪睡只能是虚度时光，浪费人生，并使大脑的思维能力减退。只有劳逸结合，用休息来补偿、调节体力和脑力，使之达到最佳工作状态，才能精力旺盛地从事我们应该为之献身的事业。

我们能够集中精力的时间是不相同的，有的人能较长时间地伏案工作，有的人却不能。总之，集中精力是有限度的。一般人精神高度集中两个小时以上，就有疲劳的感觉，精力也开始涣散。这说明，到了应该休息的时刻了。那么，什么才是有价值的休息呢？你必须明白这个道理——体力和精力紧张，消耗能量，休息则能恢复能量。只有当休息成为一种必需的行为，它才是有价值的。正如一只蓄电池经过长时间的使用，放电之后，需要充电一样。如果不停顿地把电能消耗殆尽，再要充电就得花费更长的时间，甚至因为其内部极板遭到破坏而无法继续充电。反之，如果经常进行电能补充，使之保持足够的电压，不仅会释放出更大的能量，也能延长其使用寿命。

人们的休息正是为了满足源源不断地输出更大的功率所进行的输入和补充。因此，我们每个人都必须了解自己所能输出的功率和它所持续的时间，才能适时适度地休息，补充必需的能量。然而，正如一位名人曾告诫我们的那样："休息是好事，但要小心'倦怠'是它的好兄弟。"过多地休息，同样会令人无法松弛，用睡觉、闲逛、无所事事打发时间，就失去了休息的价值。

说到休息，最主要的方式还是睡眠休息。睡眠时间是人体生理需要的时间。睡眠如何，对时间运筹关系极大。睡眠时间的长短，影响其他活动时间的多少；睡眠的好坏，影响从事其他活动的精力。

一九七二年在慕尼黑体育馆的一次体育比赛中，十七岁的俄罗斯女运动员正满怀信心地要夺取金牌，可是，在她最拿手的项目高低杠上，她失手了，为此，她不知流了多少眼泪。看来，她难以摆脱精神恍惚的状态，不能参加第二天的比赛以夺取全能中其余各单项的优胜。但是，睡眠最终救了她。医生使她相信，只要睡足觉，一切都会正常的。睡眠使她摆脱了多余的疑虑。她做了一个梦，梦中她手里拿着一枚金牌，醒来以后，她发现没有，她大笑起来，说道："原来没有啊！不过，会得到的。"她愉快地、精力充沛地走上比赛场地。她出色地经受住了考验，并得到了应有的奖赏——两枚金质奖章。

你比别人差的不是时间，而是自我管理

睡眠十分重要。人的生命有三分之一是在睡眠中度过的。人需要睡眠，就如同需要空气、阳光、水和食物一样。有人还在狗的身上做过一个实验。他用两只狗进行对比研究，那两只狗同样的岁数，胖瘦也没有多大差别。一只狗只给水喝，不给东西吃，但是让它睡觉；另一只狗给水喝，给东西吃，就是不让它休息和睡眠，它要睡觉，就把它吵醒。这样，这只没法睡觉的狗只活了五天，而不吃东西的那只狗，二十几天都没有死掉。这说明，睡觉比吃饭喝水还重要。我们知道，人或生物的全身是一个整体，各个部位所以能和谐地运动，全靠中枢神经系统的调节。神经细胞的工作能力具有一定限度。当我们工作、学习到一定的时候，必须休息、睡觉，否则就会出现疲劳、头昏脑涨和食欲不振等现象。而休息和睡眠，则有助于恢复大脑的疲劳，使之再次高度兴奋起来。

专家说："有两种不同的'勤奋'。有的人一边打瞌睡，一边要求自己勤奋工作，但是你有什么效率？真正的勤奋者注意效率。"工作要勤奋，这是不错的，但凡事都有个限度，超越限度，就会走向反面。如果勤奋而不注意睡眠和休息，轻则效率不高，重则搞垮身体。孔子的得意门生颜回，是个很"好学"的不惰者，人也很聪明，能"闻一以知十"；但他不注意身体，二十九岁头发都白了，随后就死了。唐朝著名文学家韩愈年轻时，"口不绝吟于六艺之文，手不停披于百家之编。"到了"年未四十，而视茫茫，而发苍苍，而齿牙动摇。"所以，我们要把时间安排好，该学习的时候学习，该休息的时候休息。

为了合理地安排好睡眠，除了要选择安静的环境和舒适的床、枕、被褥外，还要注意几点：一是睡前不要喝浓茶、咖啡等饮料；不宜进行运动量大的体育锻炼，不去想那些容易引起激动的人或事，尽可能让大脑逐渐由兴奋转入抑制状态。二是睡前做一些用于入眠的活动。如到屋外放松肌肉，散步二十到三十分钟或打一会太极拳，用热水洗洗脚、听听音乐等，使它们形成催眠的"条件反射"，帮助你入眠。三是卧室要通风，要习惯于开着小窗子睡觉。氧气对于睡着人的大脑是必需的，这样神经细胞才不至于疲劳，才能充分恢复工作能力。

　　至于睡眠时间多长为好，这个问题吸引我们做了大量的研究，结果证明就一个成人而言，每天大体上需要八小时的睡眠时间。但是也因人而异，有的人长期养成了睡眠时间较少的习惯，并未因此而影响第二天的工作。原因在于提高了睡眠的质量，虽然睡眠时间少一些，但效果却很好。熟睡四个小时，能超过浅睡和辗转反侧难以入睡的八个小时。因此，我们不要囿于每天必须睡足八小时，而要摸清楚自己的睡眠规律，提高睡眠质量；只要达到恢复精力就行，少睡一点时间也无妨。

　　我们不必以压缩睡眠时间来成就事业，但要避免以躺在床上当作睡眠，应该尽量减少非实际睡眠时间的浪费。在睡眠时间上，也要讲究效率——睡眠的质量。试想，有多少人由于没有掌握自己的睡眠规律，提前就寝而需要较长时间才能入睡；有多少人早上醒来立即起床；有多少人因为睡眠不好而精力不佳，这些，浪费了多少时间。而如果我们掌握了自己的睡眠规律，适时就寝，适时起床，将会赢得多少宝贵的时间。

　　大量研究表明，睡眠是不能储存的，一个人前一天不管睡多久，第二天照样要睡。因此睡够了就可以；超时睡眠，不仅浪费时间，还会使人无精打采，更加倦怠，降低办事效率。但是，长期睡眠不足也会导致多种疾病，首先表现为食欲不振、反应迟钝，严重的可导致精神病。

　　睡眠有深浅之分。大家都会有亲身体会：熟睡一小时比似睡非睡两小时效果还好。要加强睡眠的深度，根据不少科学家的研究，主要注意以下几个方面：

1. 要掌握自己的生活节奏，养成按时作息的习惯，这是人体生物钟所规定的，如果任意打乱它，必然会影响睡眠的正常进程。一般人的睡眠时间是有规律的，大多数人是晚上十点左右上床，容易很快进入梦乡，早上六点钟左右醒来。如果打乱了这个节律，过早或过晚上床，均会难以入睡。过晚起床，睡过了头，也会表现出整日倦怠。这是由于生物钟被打乱了的缘故。由于个人生活习惯和工作性质的不同，生物钟在何时敲响就寝的钟声，不完全一致。我们要根据自己长期的体会，找到自己的节律，不要随便去打乱它。

2. 创造良好的睡眠环境，有利于安静地入睡，中途也不受打扰。研究表明，在睡眠中，人的器官对外界的信息仍有接受能力，要使这些器官得到休息，就要在空气、温度、光线、声音及卧具等方面予以注意。空气应保持新鲜，有足够的氧气保证人体需要，有助于解除疲劳。温度要适宜，温度过低，机体要把不少热量用在保持正常体温上；温度过高，也会燥热难眠。睡觉前室内不能有过强的灯光，否则会因光辐射刺激视神经，传导到脑中枢引起过度兴奋而失眠。入睡时以熄灯为好，白天睡觉，要拉上窗帘，使室内光线暗淡。此外，声音会刺激人的听觉，"卧榻之侧，岂容他人鼾睡"就是这个道理，安静是有利于睡眠的。

3. 保持平静的心情，会使自己很快入睡。失眠通常是由于心绪不宁，睡前过于激动，心事重重等引起的。因此，古人有"睡方"或"睡诀"之说："早晚以时，先睡心，后睡目。"就是说临睡前要保持心情愉快、平静，一无牵挂。现代的睡方就是讲究心理训练，摒除操心之事，有事明天再说，自可安然入睡。古今之义是相通的。此外，睡前不宜过饱或肚子空空，也不宜饮使人兴奋的饮料，如浓茶或咖啡等。总之，争取高质量的睡眠，才有利于高效地工作。

4. 利用闲暇时间进行休息，以解除工作中的劳累，是一种传统的消闲方式。闲暇时间用于解除疲劳，是完全必要的。由于现代化大生产和高度社会化，工作节奏日益加速，人们在工作时间处于高度紧张状态，需要在休息时间更好地放松。但是，如何更好地休息，现代人与过去年代的人已有很大的不同。过去，人们休息时主要是喝茶、聊天、串门等，显得过于清淡；现代人则趋向于参加社会活动，进行各种竞赛，以及出外旅游等。人们需要的是工作时间尽力地干，休息时间尽兴地玩。生理学也告诉我们，高度紧张的工作必须伴之以完全放松的休息，"一张一弛"，才能最大地发挥人的工作潜力。

依据自己的工作特点和兴趣爱好，选择适宜的娱乐活动。会休息的人才会工作。当我们的工作主要是脑力劳动时，娱乐活动最好是选择一些对机体活动有帮助而又不太费脑的事。如散步、旅游、观看体育比赛、养鱼或种花等；当我们的工作主要是体力劳动时，娱乐活动则宜于选择一些有利于恢复体力的事。如打牌、弈棋、看书、钓鱼、绘画和参加集邮等。有些活动无论对谁都是适宜的，如上面已提到的旅游、种花、观看体育比赛、看影视节目、欣赏音乐等。此外，适当的家务活动，也能调节自己的身体机能，是一种自娱性休息，使我们的体力和智力得到恢复和发展。有的人整天伏案工作，或是开了一天的会，回到家里，自己动手做道可口的菜，自得其乐，身心也会得到休息。